publication PN°1
Bibliothek der Provinz

Ich versuche Gedanken zu haben,
und die Gedanken werden zu Sätzen,
wenn ich Glück habe.
Und so kann ich existieren –
vielleicht.

Thomas Bernhard

Von einer Katastrophe in die andere
13 Gespräche mit Thomas Bernhard

herausgegeben von
Sepp Dreissinger
anläßlich der Ausstellungen „Thomas Bernhard – Porträts"
in Frankfurt, Hamburg …

lektoriert von
Christine Gerstacker

Verlag
publication PN°1
© **Bibliothek der Provinz**
A-3970 WEITRA
02815/35594

1992

ISBN 3 900878 42 0

printed in Austria
by
Denkmayr
A-4223 Katsdorf

© Umschlagfotos: Sepp Dreissinger,
Thomas Bernhard, Ohlsdorf 1981

Von einer Katastrophe in die andere

13 Gespräche mit Thomas Bernhard

herausgegeben von
Sepp Dreissinger

13 Gespräche mit Thomas Bernhard

von

Viktor Suchy
Armin Eichholz
Brigitte Hofer
Nicole Casanova
Erich Böhme/Hellmuth Karasek
Niklas Frank
Jean-Louis de Rambures
Rita Cirio
Peter Mörtenböck
Patrick Guinand
Andres Müry
Asta Scheib
Conny Bischofberger/Heinz Sichrovsky

Vorwort
Wendelin Schmidt-Dengler

Nachruf
Elfriede Jelinek

mit Fotografien

von

Franz Josef Altenburg
Helmut Baar
Ingrid Bülau
Sepp Dreissinger
Patrick Guinand
Gerda Maleta
Kurt Molzer
Erika Schmied
Abisag Tüllmann

Interviews, die in den siebziger Jahren mit Thomas Bernhard geführt wurden, waren die Ursache für meine Faszination vom Menschen und Schriftsteller Thomas Bernhard. Herausragend für mich waren dabei die beiden Interviews, die *André Müller* in den Jahren 1971 und 1979 geführt hatte.

Nach dem Erscheinen meines Bildbandes „Thomas Bernhard – Portraits, Bilder & Texte" konzentrierte ich meine Bernhard-Sucharbeit auf Interviews, die noch verstreut in Archiven, Zeitungen und Zeitschriften zu entdecken waren.

Die Vorbemerkungen zu den einzelnen Interviews – soweit vorhanden – beließ ich in der ursprünglichen Fassung. Nur *Nicole Casanova* und *Jean-Louis de Rambures* haben aus heutiger Sicht – Jahre nach dem Interview – das jeweilige Vorwort neu geschrieben. Die Satzzeichen der Texte wurden ebenfalls unverändert übernommen.

Bei den ursprünglich in Französisch bzw. Italienisch abgedruckten Gesprächen war, da die Tonbänder der in deutscher Sprache (zum Teil mit Übersetzer) geführten Gespräche verloren bzw. nicht mehr auffindbar waren, eine Rückübersetzung ins Deutsche notwendig. Diese wurde vom jeweiligen Autor bzw. dem damaligen Übersetzer autorisiert.

Die Gespräche von *Viktor Suchy* und *Brigitte Hofer* wurden vom Tonband wortgetreu übertragen. Das Interview von *Peter Mörtenböck* erfolgte telefonisch. Die Aufzeichnungen von *Patrick Guinand* entstanden unmittelbar nach seinem Treffen mit Thomas Bernhard.

Sepp Dreissinger

11

Wendelin Schmidt-Dengler

Vorwort

1992

„Fragen sind immer korrekt, Antworten immer falsch, unrichtig." Wollte man sich auf solche aphoristische Hiebe in Bernhards Interviews ungedeckt einlassen, man wäre bald k.o., zumindest mundtot; mehr noch: Die Einsicht, daß die Sätze den, der sie sagt, zu desavouieren scheinen, läßt sich nicht leicht von der Hand weisen, und es stellt sich auch die Frage ein, ob man es durchwegs in diesem Buch auch mit falschen oder unrichtigen Antworten zu tun hat. „Die Wahrheit ist die Lüge, das ist die Wahrheit", heißt es in Thomas Bernhards ‚Keller' – und sollte es in diesen Interviews sich anders verhalten? In diesem Buch, in dem auch das fiktive Interview von Andres Müry – sieht man von der Überdosis an Witzelei einmal ab – sehr gut bestehen kann?

Der Leser ist in jedem Fall gewarnt und braucht sich nicht abgeschreckt zu fühlen, so ihm bewußt ist, wie Bernhard durch die Kunst der Übertreibung (der

13

Akzent liegt auf Kunst) Wahrheit in seine Rede verpacken konnte, die Wahrheit, die sonst schwer zumutbar gewesen wäre. Bernhard sei ein Räsoneur gewesen, hat Elfriede Jelinek gesagt, und sie hat ihn damit auch positiv vom Nörgler abgehoben, doch gleichgültig ob Nörgler oder Räsoneur – entscheidend ist die Mündlichkeit, und wie alle großen Protagonisten Bernhards vom Maler Strauch in ‚Frost' und Fürsten Saurau in ‚Verstörung' bis zum Kunstkritiker Reger in ‚Alte Meister' und Professor Robert Schuster in ‚Heldenplatz' sind es allesamt Räsoneure, und es gelang zuvor keinem Künstler von Rang, den negativ besetzten Begriff der Tirade so sehr zur Kunstform zu entwickeln. Die Mündlichkeit wird zumeist durch die kleinen Interjektionen („net") markiert und auch durch den von Bernhard immer wieder beschworenen Rhythmus, und jeder Leser, der in diese Redeweise eingehört ist, wird mit Bedauern spüren, wie anders der Tonfall in jenen Interviews ist, bei denen die Rückübersetzung unvermeidlich war.

Dialogbereitschaft, wie es so schön und zugleich heuchlerisch heißt, war Bernhards Sache nie, zugleich aber benötigte er einen Zuhörer oder Stichwortgeber: Die Existenz der meist schweigenden Begleitfigur der zentralen Gestalten in nahezu allen seinen Stücken ist ästhetischer Ausdruck dieses Sachverhalts; der Interlocutor muß da sein, mögen dessen Meldungen auch noch so sparsam oder gar deplaciert wirken.

Die in vorliegendem Band versammelten Interviews zeigen sehr schön, wie sich Bernhard seinen Dialogpartnern gegenüber verhalten hat, vor allem machen sie eine Entwicklung bewußt, und zwar von der schüchtern-verhaltenen Aggressivität in den sechziger Jahren bis zur unverwechselbar kaustischen Form des Reagierens auf die zugeworfenen Stichworte in den siebziger und achtziger Jahren. Unvermeidlich ist der Eindruck, daß jeder Interviewer nach seiner – naturgemäß – „richtigen" Frage durch die „falsche" Antwort Bernhards plötzlich im Abseits steht und dies für ihn der „richtige" Platz ist. Mit genauem Zirkelschlag hat Bernhard das Territorium umgrenzt, in dem er steht und das sonst niemand besetzen darf, und zusehends auch die Stimmführung in den Interviews übernommen.

Wer sich mit Bernhards Werk, sei es redend oder schreibend, auseinandersetzen will, für den sind die Interviews von hohem Quellenwert. Auch wenn in den Antworten der Tenor der Verweigerung durchgehalten wird und explizit Informationen kaum gegeben werden, so liefert doch die Art der Verweigerung Aufschlüsse. Die redlichen Bemühungen, für die Interessen der fragenden Person Klarheit herzustellen, werden enttäuscht, aber es stellt sich eine „andere Klarheit" (Hölderlin) ein, die jenseits der jeweils in den Fragen mittelbar vorformulierten Einsichten anzusiedeln ist. Die Fragen des Polyhistors Viktor Suchy, der dem Autor seinen Platz am literarischen Fixsternhimmel zuzuweisen sucht und eine Modernität einreden will, auf die dieser nicht aus ist, werden ebenso enttäuscht wie die Fragen, die Bernhards Verhältnis zu Österreich, zur Politik oder zum Tod ein für allemal klären wollen, und jeder Interviewer müßte nach dieser Erfahrung den Schluß ziehen, daß er dem ungläubigen Thomas die falsche Gretchenfrage gestellt hätte. Er liebe Österreich, sagt Bernhard; er liebe das Leben, er habe Depressionen gut überstanden. Eine Autobiographie habe er nie schreiben wollen; erfinden brauche er nichts, alles sei so in der Wirklichkeit zu finden. Und doch, er spart nicht mit scharfen Urteilen, auch seinen Kollegen gegenüber, ob sie nun Handke oder Hochhuth heißen; er ist von erfrischender Unhöflichkeit; er läßt Beckett drei Jahre vor seinem physischen Ende seinen literarischen Tod sterben; er macht aus Brecht einen holzsteifen Goldoni und deutet auf sich selbst Einflüsse an, die kaum vermutet wurden, wie Genet, Péguy und Michaux; er zeigt sich als beflissener und intensiver Leser, der aus dem Paradox lebt, sich von den Büchern bedroht zu fühlen, und den Umgang mit ihnen meidet, um schreiben zu können; er bekennt sich auch zu den Autoren, die er schätzt, zu Kant, Schopenhauer und vor allem zu Kleists ‚Zerbrochenem Krug‘, eines der wenigen Werke, dem er uneingeschränkt Hochachtung gezollt hat, und da erinnert er ganz an den großen Räsoneur Reger, und er gibt im nachhinein auch eben allen jenen recht, die Äußerungen der Bernhardschen Hauptfiguren sehr wohl mit der Meinung des Autors identifizieren wollten: „Ich meine alles, was meine Figuren sagen.“ Aber man hüte sich, Verbindlichkeiten für die Interpretationen ableiten zu wollen; Bernhard will den Leser nicht bervormunden und weiß, daß jeder seinen eigenen Bernhard hat, und wenn zwei denselben Text lesen, so kommt immer etwas ganz anderes heraus.

Aber es sind nicht die Einzelhinweise, die in Bernhards Gesprächen diese „andere Klarheit" erzeugen: Sie entsteht, so meine ich, durch den kompromißlosen Abbau des Auratischen, und dies sei mit Nachdruck auch gegen jene gesprochen, die nun postum zur Verehrung Bernhards sakrale Gedächtnisräume errichten wollen. In Bernhards Rede trübt kein Hauch eines erheuchelten Altruismus oder falscher Scham die Zufriedenheit, mit der er vom Bankkonto spricht. Ohne Mitleid spricht einer über sich und die anderen und freut sich, das Leben in dem Stil, der ihm behagt, führen zu können. Kein Ehrgeiz in didaktischer, politischer oder gar moralischer Hinsicht soll den Blick auf die Banalität verstellen, die Leben und Tod so schmucklos machen. An dieser wird der philosophisch hochgeschraubte Anspruch der Interpretation zuschanden, und was bleibt, ist ein Autor, der weiß, daß sein Leben und Schreiben so gut wie identisch sind. Schreiben wird zum Überlebenstrick, und dieses Schreiben verträgt auch nicht die emphatische Stilisierung als erhabene Tätigkeit. Im Gegenteil, er will sich wie die Figuren seines Spätwerks zum „Altersnarren" ausrufen lassen, und dies in dem Gespräch mit Asta Scheib, dem für mich schönsten und offensten Interview, das von einer Melancholie getragen ist, die aber nicht zur Sentimentalität verkümmert und alles verschwommen macht, sondern mit beklemmender Deutlichkeit zur Evidenz bringt, wie Krankheit und Schreiben miteinander verquickt sind, wie die Isolation die unhintergehbare Grundlage des Schreibens ist und wie selbst der Ruhm zur Qual wird: „Alles Grausen kommt aus dem Applaus!" Die vollendete Arbeit bedeutet aber keine Erlösung. „Beim Schreiben immer besser werden", das zählt, ist aber auch keine Leistungsdevise, sondern entspringt der Angst vor dem Verrücktwerden. Das Schreiben steht im Zentrum der Interviews, aus denen wiederum klar wird, daß es ein Gebot des Anstandes gewesen wäre, Bernhard auch davor zu bewahren, Fragenden Rede und Antwort stehen zu müssen. Und doch werden die Leser dieser Gespräche dankbar für die Hartnäckigkeit jener sein, die zu diesen Verstößen gegen den Takt und gegen das Gebot der Schonung führte. Bernhards Gespräche gewähren, für sich genommen, jenen, die amüsabel sind, ein sublimes Vergnügen, bringen uns aber auch zurück zu seinem erzählenden und dramatischen Werk und helfen uns allen, die Bernhard-Lektüre auf der Ebene eines neuen Verständnisses wieder aufzunehmen.

An der Ostsee, 1956   *Foto von Ingrid Bülau*

Viktor Suchy

Die Vergangenheit ist unerforscht

1967

Ich freue mich, Sie bei uns begrüßen zu dürfen, und ich danke Ihnen, Herr Bernhard, daß Sie sich zu einem Gespräch für die Dokumentationsstelle zur Verfügung stellen. Zunächst einmal wollen wir etwas über Ihren holländischen Geburtsort Heerlen aufklären. Sie sind ja in Wahrheit Österreicher.

Ja, ich bin nur, nur Österreicher.

Stammen Sie aus dem Salzburgischen?

Aus dem Flachgau, und zwar Kobernaußer Wald, das ist fast im Oberösterreichischen, oder Wallerseegegend, von dort kommen alle Vorfahren.

Um mit Routinefragen zu beginnen, Sie sind zwar erst jetzt vor kurzem 36 Jahre alt geworden, aber haben Sie, da Sie ein sehr starker Selbstbeobachter sind, jemals daran gedacht, autobiographische Aufzeichnungen oder Tagebuchnotizen festzuhalten oder solche Dinge zu publizieren, oder sind Sie kein Mensch mehr, der Tagebücher oder autobiographische Aufzeichnungen führt?

19

Ich mach' natürlich Notizen, mehr oder weniger jeden Tag, oder nicht, je nachdem was einem einfällt. Vor allem für einen selber, man will ja nachschauen, was war damals, und man vergißt ja Perioden, da sind dann Monate weißer Flecken, so wie der Nordpol. Die Vergangenheit ist unerforscht, dort.

Wie weit sind eigentlich die spärlichen biographischen Angaben in den Literaturlexika richtig?

Sie sind spärlich, und zum Teil stimmen sie auch gar nicht. Aus eigenem oder fremden Verschulden.

Vielleicht könnten wir da miteinander ein bißchen etwas erarbeiten. Also das Geburtsdatum dürfte stimmen, 10. Februar 1931.

Das ist nicht ganz klar, ob der neunte oder der zehnte, das weiß ich selber nicht. Bis fünfundzwanzig Jahr' hab' ich immer gedacht, am zehnten, und dann hab' ich einmal um einen Geburtsschein geschrieben, nach Heerlen, und die schreiben dann plötzlich, am neunten, und haben urgiert, wie das heißt, die beharren auf dem neunten. Also wäre alles hinfällig mit dem Paß und diese G'schichten, aber ich bleib' beim zehnten.

Also Sie sind zufällig in Holland, in Heerlen, geboren ...

Das war rein zufällig, ja.

Wo haben Sie Ihre Kindheit dann verbracht?

Die ersten zwei, drei Jahr' war ich in Wien, das war in der Wernhardtstraße im 16. Bezirk, das ist da bei der Maroltingergasse, dort waren meine Großeltern, bei denen bin ich aufgewachsen. Die nächste Station war Henndorf, da haben meine Vorfahren eine Art Haus.

In Henndorf war der Zuckmayer …

Da war der Zuckmayer und der Richard Mayr, der Csokor war dort, und der Horváth …

Da sind Sie in einem literarischen Klima aufgewachsen.

Ja, ich war aber dort, wie gesagt, drei, vier, fünf Jahre alt. Der Stelzhamer ist dort g'storben.

Und dann sind Sie nach Salzburg gekommen?

Nein, dann war ich in Seekirchen, dort hab' ich die Volksschule angefangen. Nach Seekirchen bin ich dann 38 nach Traunstein, das ist am Chiemsee, und bin am Land dort aufgewachsen und in die Schule gegangen, im Bayerischen, ein paar Jahr'. Dann bin ich nach Salzburg ins Internat, das heißt ins „NS-Schülerheim", hat's damals geheißen. Nach 45 war's dann das „Johanneum", das gleiche. Ich war einer der wenigen, die wieder automatisch in das gleiche gegangen sind. Statt dem Hitlerbild war halt dann das Kreuz an der Wand, genau auf dem selben Nagel.

Bleiben wir da ein bißchen, bei Ihren Konvikterlebnissen. Fühlen Sie sich durch diese Zeit des Nationalsozialismus in der Jugendzeit mitgeprägt, das heißt, hat es einen starken Einfluß auf Sie gehabt, oder ist das an Ihnen abgeronnen?

Nein, ich war damals natürlich sehr aufnahmefähig, in der Zeit ist man das ja grad, und in so einem Heim, das war natürlich streng gehalten, mit Aufstehen und „Heil Hitler", aber das hat ja jeder in dem Alter erlebt; ich hab' mehr oder weniger Ohrfeigen gekriegt von dem Heimleiter, der mich nicht leiden hat könnnen. Das waren schon sehr starke Eindrücke … die Bombenangriffe dort und das Stollen-Rennen in Salzburg. Und dann ist die Schranne zerstört worden, das war gegenüber von dem Heim in der Schrannengasse, da ist eine Luftmine hinein. Dann bin ich nach Traunstein zurück und jeden Tag mit der Bahn in die Schule gefahren, monatelang. Aber da war man meistens nur bis neun Uhr, und dann war schon die Vorwarnung, also zur Schule ist es ja monatelang dann überhaupt nicht gekommen. Das war nur romantisch und eigentlich sehr ... Man hat überhaupt nix g'lernt, so halt.

Sind Sie dann nach der Matura noch auf die Universität gegangen?

Ich hab' immer schon das oder jenes gehört ...

Sie haben sich ja zuerst stark musikwissenschaftlich interessiert, soviel ich weiß.

Ja, Musik hab' ich am Mozarteum studiert, theoretische Fächer, Musikästhetik. Da waren ja sehr gute Professoren damals, die aus ausgebombten Städten geflüchtet waren, der Professor Werner, der war eine Kapazität damals in Salzburg. Instrumente hat man halt auch gespielt, aber das war mir eigentlich weniger wichtig. Ich hab' das dann fertiggemacht und ganz aufgehört und nur noch g'sungen, so in Kirchen, Bach und diese Sachen, das tu ich ja heut noch.

Dann kam also Ihre Zeit als Journalist; Sie waren einmal Gerichtsreporter. Da haben Sie sich wahrscheinlich einen sehr scharfen Blick für die menschlichen Schwächen und Untiefen erworben.

Ich glaube, daß es eine ganz gute Schule ist, dort.

Hat Sie nicht das Grausen gepackt?

Naja, wenn man ganz jung ist, packt's einen ja nicht so. Da ist es einmal zuerst interessant.

Ich frage nämlich deshalb, weil ich ein eigenes Erlebnis hatte: Ich war ursprünglich Jurist und bin von der Jurisprudenz aus einem ganz bestimmten Grund davongelaufen. Ich war Werkstudent, wie alle in dieser Zeit, und war bei einem Notar. Und was ich da erlebte, wie die Erben sich bereits um Stuhlbeine zu streiten anfingen, wie der Tote noch nicht kalt war, praktisch, da hab' ich die Flucht ergriffen.

Ja, da hab' ich auch eigene Erfahrungen.

Die Literaturlexika geben eine Anzahl von Werken von Ihnen schon an. Ich möchte gerne mit Ihnen die Daten nachprüfen, ob sie stimmen. Ich glaube, das erste von Ihnen stammt aus dem Jahre 1955, das war die Hörerzählung „Die heiligen drei Könige von St. Vitus". Stimmt das?

Das ist aber nie erschienen.

Nie erschienen? Woher wissen es dann die Literaturlexika?

Es hätte erscheinen sollen, in der Stifterbibliothek, das war so eine Reihe in Salzburg, es ist jedenfalls nicht dazu gekommen.

Besitzen Sie das Manuskript?

Es ist von der Stifterbibliothek einmal an einen Grafen geschickt worden, an den Dombrowski, und dann hab' ich nie mehr etwas gehört.

Da muß man sich also an den Dombrowski wenden, ob er das Manuskript noch hat.

Nein, nein, das ist ja ganz grauenhaft …

Das ist ja interessant, Ihre erste Arbeit eigentlich. Dann geben die Literaturlexika als weiteres ein Datum 1956 an, und zwar die Erzählung „Der Schweinehüter". Stimmt das?

Ja, das war in den „Stimmen der Gegenwart" einmal und dann in einem Sonderdruck.

Und dann tritt bereits der Lyriker Thomas Bernhard in Erscheinung, und zwar im Jahre 1957 mit dem Gedichtband „Auf der Erde und in der Hölle", dem ein weiterer 1958 folgt, „In hora mortis". Stimmt auch?

Das stimmt.

1959 kommen dann die Dialoge …

58 war noch ein Band, bei Kiepenheuer & Witsch, das hat geheißen „Unter dem Eisen des Mondes", das war der dritte Gedichtband, der dritte und letzte.

Und dann 59 die Dialoge.

Ja, das ist eigentlich ein Text zu einer Zwölftonoper.

Das sind die „Rosen der Einöde" gewesen?

Ja, das ist fälschlich immer als ein Gedicht bezeichnet worden …

Und war eigentlich ein Text zu einer Zwölftonoper. Und wer sollte die komponieren?

Die hat der Lampersberg komponiert.

Ist die jemals aufgeführt worden?

Ein Teil daraus war bei den Wiener Festwochen, voriges Jahr, und jetzt im Mai kommt es in der Deutschen Oper Berlin.

Und dann kommt nach vier Jahren der erste Roman, „Frost", 1963, und 64 ist dann die Novelle „Amras" erschienen. Und zur Zeit ist ebenfalls ein Band im Erscheinen ...

Ja, der ist jetzt gerade gekommen. Schön g'macht ...

„Verstörung", auch wieder bei Insel. Gleich dazu eine Frage: Besitzen Sie noch die Handschriften zu Ihren einzelnen Texten und Büchern, das heißt, pflegen Sie überhaupt noch mit der Hand zu schreiben, oder sind das Typoskripte, die Sie dann handschriftlich korrigieren?

Das ist ganz verschieden. Das meiste schreib' ich doch mit der Hand, aber dann wieder ...

Bitte die Handschriften aufheben, die braucht einmal die Literaturwissenschaft.

Ich heb' meistens nichts auf.

Das ist aber schade, weil man damit die Entstehungsphasen genau studieren könnte, und bei einem Autor wie Sie es sind wäre das manches Mal sehr wichtig. Haben Sie vor dem Jahr 1955, also in Ihrer Jugend, Schreibversuche gemacht?

Ja, gleich nach dem Krieg eigentlich.

Und als Sie zu schreiben begannen, haben Sie da noch bestimmte Leitbilder, Lehrer, Werke gehabt, denen Sie zunächst einmal nachstreben wollten, wie das jeder Junge tut? Waren Sie vielleicht ein wenig in der Vergangenheit, oder waren Sie schon ein unmittelbarer Autor der Gegenwart?

Ich hab' Bücher eigentlich immer gehaßt als Kind, wie die Pest, weil sehr viele Bücher da waren. Mein Großvater war ja Schriftsteller, und wenn man als Kind das Gefühl hat, man muß etwas, man sollte, dann tut

man's ja nicht, da sträubt man sich dagegen. Ich hab'
sehr spät überhaupt zu lesen angefangen.

Wissen Sie da noch bestimmte Leitbilder von früher?

Das ist eigentlich alles verschwommen. Charles
Peguy und solche Leute, die haben mich eigentlich sehr
früh interessiert, mehr revolutionäre christliche Franzosen.

*Also Peguy, Bernanos, vielleicht ein bißchen was von
Claudel ...*

Auch, und Michaux, das waren großartige Leute.

*Sie sind ja noch relativ jung, Herr Bernhard, aber wenn
Sie diese doch sehr ereignisreiche Zeit, in der Sie gezwungen
waren aufzuwachsen, Revue passieren lassen, meinen Sie,
daß Ihnen schon bedeutende Zeitgenossen begegnet sind,
deren Begegnung Sie nicht missen mögen? Oder meinen Sie,
ist die Frage hier und heute noch zu früh gestellt?*

Das kann ich schwer sagen. Sicher, den einen oder
den anderen ...

*Aber Sie müssen doch einen bestimmten Namen nennen
wollen oder können.*

Erstens fallt's mir momentan gar nicht ein ...

*Herr Bernhard, Sie zählen ja zur Avantgarde der öster-
reichischen Prosa ...*

Ja, aber doch sehr vorsichtig.

„Avantgarde" ist ein gefährliches Wort, ich weiß.

Es gibt eigentlich gar keine Avantgarde bei uns, was
viele Leut' da machen, das ist nicht avantgardistisch,
das ist kindisch. Man macht Spassettln, das soll man

halt bis 25 machen, dann müßte aber der Verstand wirklich einsetzen. Aber wenn's dann auslaßt, dann machen's die Spassettln weiter, mit 30, 40, und dann wird's natürlich immer lächerlicher.

Ist hinter Ihren eigenen Arbeiten so etwas wie ein dichtungstheoretisches Konzept? Oder wachsen sie nur aus der Praxis? Sie sind ja auch sehr stark philosophisch interessiert.

Eine oberflächliche Geschichte oder Beschreibung interessiert mich auch gar nicht.

Nun kommen wir also hier zur Theorie der modernen Prosa. Ich glaube, daß in einigem Wittgenstein ganz stark auf Sie eingewirkt haben müßte.

Ja, das ist immerhin eine faszinierende Erscheinung.

Auf der anderen Seite erinnert mich manches bei Ihnen an Schopenhauer.

Ja, auch.

Gerade die willensmäßige Vorstellung, die Welt als Vorstellung, das wirkt bei Ihnen interessanterweise wieder einmal nach. Schopenhauer ist in Österreich nicht sehr stark rezipiert worden. Wie stehen Sie denn überhaupt zu dem Ganzen? Ein bißchen könnte man manchmal meinen, Sie wären von der Nouvelle Vague des Romans und der Prosa mitbeeinflußt, die Tendenz zum Protokoll.

Das ist wahrscheinlich unbewußt, weil ich diese Art Romane, die ja reine Beschreibungsliteratur sind, überhaupt nicht mag, und sie mir dadurch ja ganz konträr gegenüberstehen.

Was bei Ihnen so entscheidend ist, Sie suchen die Grenzsituation des Menschen aus, das ist fast existenzialistisch

gedacht. In den beiden letzten Büchern, in „Amras" und in
„Frost", ist es die Grenzsituation einer Todeskrankheit oder
einer Geisteskrankheit. Fasziniert Sie die Grenzsituation der
Krankheit, daß Sie das Positive auflösen wollen, indem Sie
das Negativbild überschärft zeigen?

Einfach das psychische Seiltanzen, wahrscheinlich.
Das Seil immer höher zu spannen ist natürlich ein
großes Vergnügen.

Man könnte natürlich aus diesen Büchern – und das tun
viele Kritiker – leicht zu dem Fehlschluß kommen, Sie wären
ein ausgesprochener Pessimist. Die Meinung habe ich, wenn
man Sie persönlich kennt, absolut nicht.

Nein, nein, persönlich bin ich eigentlich völlig anders
als in meinen Arbeiten; ja und nein, das ist vielleicht das
eigentlich Interessante, aber da forsch' ich nicht so nach.

Aber vor allem ist es doch einmal die Grenzsituation, die
etwas überschärft zeigt: die Grenzsituationen der Angst, des
Todes, der schweren Krankheit, der geistigen Störungen, aus
denen holen Sie ja unendlich viel heraus. Worum geht es denn
überhaupt in diesem Roman „Verstörung"?

Ja, das Buch fängt an, wie soll man das sagen … das
ist wie ein Höhenzug, in der Ebene fängt das Buch an
mit einem physischen Totschlag, und mit einem psychi-
schen hört es auf. Das sind Krankenbesuche von einem
Arzt an einem Tag.

Wollen Sie an den Krankheitsbildern gleichzeitig eine
Symptomenlehre für die Zeit geben? Es sind also Bücher der
Warnung?

Ja, vielleicht.

So wie ich Jean-Paul Sartre Dramen als Dramen der Warnung auffasse: Seht her, so seid ihr, wenn ihr euch nicht ändert, dann wird's noch fürchterlicher. Meinen Sie, daß zwischen Ihren dichterischen Arbeiten und der Musik oder der Plastik oder der Malerei subkutane Querverbindungen bestehen? Ist das musikalische Element auch für die dichterische Gestaltungs-, für die Kompositionsweise bei Ihnen mitentscheidend?

Ja, das spielt eine Hauptrolle. In dem was ich halt so weiß, in der Musik.

Und welche Arbeitstechniken bevorzugen Sie nun, wenn Sie ein Buch schreiben?

Das ist auch schwierig zu sagen, weil ich lauf' ein Jahr herum und denk' nur nach und mach' nur Notizen und sonst gar nichts und kann auch gar nicht schreiben, solang' ich nicht das Gefühl hab', jetzt ist es soweit und jetzt geht's halt los, und das dauert wahrscheinlich wieder zwei Jahre. Es geht nicht sehr schnell.

Da Sie ja von der Musikästhetik herkommen, also auch die ästhetischen Probleme kennen, ist das Problem der Form für Sie ein sehr gravierendes?

Ja, der Rhythmus, das muß halt auf die Silbe stimmen, für mein Gefühl, sonst fällt's auseinander, für mein Gehör.

Sind Bücher von Ihnen schon in andere Sprachen übersetzt worden?

Ja, heuer kommt bei Gallimard im Sommer der „Frost" und „Amras", dann beim Garzanti in Italien, auch im Herbst.

Aber Sie haben noch keine Erfahrungen mit Ihren Über-
setzungen machen können?

Der „Frost" ist das zweite Mal übersetzt worden, das
erste Mal ist fast mißglückt, der wollte mich dem französischen Geist angleichen, und damit ist halt etwas
Schauerliches herausgekommen. Und der Zweite
macht das sehr gut. In Amerika kommt er auch.

Haben Sie auch die Kritiken über Ihre Arbeiten gesam-
melt?

Zum Teil ja, außer ich ärgere mich über eine so, dann
schmeiß' ich sie gleich weg, daß ich sie nie mehr seh'.

Nun zwei ganz andere Fragen, die gehen jetzt nicht an
den schöpferischen Menschen Bernhard, sondern an den
Rezipienten: Was war der größte Theatereindruck Thomas
Bernhards, auch Musiktheater?

Das war die „Zauberflöte", sicher, und der „Don
Juan", also die zwei – wahrscheinlich alles von Mozart.

Die Prägung der Mozartstadt, die hier mitentscheidend
ist …

Ja, das hab' ich von Kindheit an mitgemacht, und
sehr viel Regieassistenz, Shakespeare-Stücke in
München und natürlich Kleist, „Der zerbrochene
Krug", oder Büchner. Ich hab' ja auch Seminararbeiten
gemacht und Inszenierungen und Vorträge.

Und von den übrigen Künsten, war es da ein ganz be-
stimmtes Kunstwerk, das Sie zutiefst beeindruckt hat? In der
bildenden Kunst?

Ich beschäftige mich mit sehr vielem, auch jetzt durch
den Wieland Schmied, da bewegt sich mein Herz oder

mein Verstand, so wie die Kinder eine gewisse Urteils-
fähigkeit haben, mehr nicht.

*Wir sprachen vorhin von der Avantgarde und von Ihren
eigenen Arbeiten. Wie sehen Sie überhaupt die Möglichkeiten, wohin glauben Sie tendiert die moderne Prosa? Wohin
möchten Sie selbst?*

Ich möchte geistig immer zunehmen und immer kla-
rer werden, und da ich in der Zeit lebe, entspricht das,
wie ich dann denke, wahrscheinlich vollkommen dieser
Zeit, in der ich lebe. Das Experimentieren, das ist aus
einer Hilflosigkeit und führt meiner Meinung nach zu
gar nichts oder nur zu einer Zersplitterung.

Also die ganze Montagetechnik und dergleichen ...

Das ist eine lustige Spielerei, kann auch aufregend
sein. Ich glaube, das war vor 50, 60 Jahren, nicht.

*Es scheint fast so, daß, wenn einer heute wieder etwas kon-
servativer würde, auch im Formalen, daß er viel aufregender
wirken kann, wenn er das kann, als wenn er experimentiert.*

Manche Leute können nicht denken, sonst würden
sie ja gar kein Vergnügen an dem Spielen finden, wenn
einer denken kann, dann nützt der das ja aus. Ich mein',
das kann ich auch, diese Sachen, hab' ich ja mit den
„Rosen der Einöde" gemacht. Ich hab' sehr viele kurze
Theaterstücke geschrieben, mit 20, 21, und das war aufregend und ungeheuer; etliche hat auch der Wochinz
inszeniert, mit sehr guten Schauspielern.

*Ich hab' mir da gestern so einige Notizen gemacht, wo mir
Entsprechungen aufgefallen sind. Es scheint, daß Sie sich
eine Zeitlang auch sehr stark mit Kant beschäftigt haben.*

Ja schon, freilich.

*Wie stehen Sie nun, und das ist ja eines der Haupt-
probleme des modernen Romans, der modernen Prosa, zum
Problem der Wirklichkeit, zum Problem der Realität? Als
Kantianer würden Sie sagen, an die Realität kommen Sie
überhaupt nicht heran, weil Ihnen ja nur die Erscheinung
gegeben ist. Doderer war ja gerade der gegenteiligen Meinung, er sagte, das was gegeben ist, das ist auch. Ich glaube,
Sie stehen hier eher in einer Zwischenposition zwischen Kant
und Wittgenstein.*

Ich glaube, festlegen kann man's nicht.

*Im Schlußkapitel ist mir ein Satz aufgefallen über Ihre
Stellung zur Kindheit, wenn Sie sagen: „Die Kindheit ist kein
Fundament, also ist sie tödlich". Das ist die genaue Gegen-
position zu Rilke und George, die die Kindheit verklären,
vergöttlichen, die sagen, die Kindheit muß überhaupt erst
nachgeleistet werden, bei Rilke. Wie kommen Sie zu dieser
Meinung?*

Das ist eine ganz gegenteilige Kindheit von diesen
Leuten, die wir hier haben, das kann man ja nicht mehr
vergleichen. Ich hab' ja immerhin als Kind auf einem
Podium gespielt, das war greifbar und war da.

*Es mag wohl das Erlebnis eurer Generation sein, der man
die Kindheit gewaltsam gestohlen hat.*

Ja, das kann man ruhig so sagen.

*Und diese gestohlene Kindheit, ist es die, von der Sie mei-
nen, daß sie tödlich wirkt?*

Das müßte man jetzt im Zusammenhang sehen.

*Um wieder vom Begriff der Realität in der Literatur zu
sprechen, kommen Sie da eher von Broch oder Musil her, daß*

Sie meinen, daß wir mit den Methoden der Wissenschaft die Realität einschließen müssen und sie dann in die Kunstform des Romans auflösen, also die Verbindung von Essayistischem und rein Erzählerischem? Das reine Erzählen ist heute nicht mehr möglich, sagt Broch.

Ja, das ist ganz klar, weil es nicht wahr ist, weil der Begriff der Wahrheit ja sehr problematisch ist. Das Leben oder die Momente, die wir leben, sind einfach keine Geschichtenelemente mehr, es sind nur Einschübe da. Wie der Musil eigentlich doch geschrieben hat, so ist es auch, was wir erleben, ein paar Schritte ...

Der Musikkritiker Dr. Kaufmann von der „Neuen Zeit" in Graz hat eine merkwürdige Theorie des Österreichischen im Formalen in der Musik entwickelt: Zum Unterschied zu den großen Klassikern sind Schubert und Bruckner beispielsweise darauf aus, Additions- und Summierungselemente aufzubauen, nicht die geschlossene, sondern die offene Form, in der also die Einschübe summiert und unendlich klein variiert werden. Erscheint Ihnen das heute auch in der Prosa möglich? Streben Sie etwas Ähnliches an?

Ich strebe es nicht an, aber ich finde es absolut natürlich, nicht als Gewaltakt, sondern einfach natürlich.

Bedrängt Sie noch die uralte Dialektik von Inhalt und Form? Glauben Sie, daß es so etwas wie die innere Form gibt, die eine äußere Form erzwingt, oder lehnen Sie das ab?

Ich lehne es nicht ab, weil das auch wahrscheinlich immer vorhanden ist. Es bleibt immer alles dasselbe und wandelt sich in sich ständig ab, das kann man ja von allem sagen. Es gibt weder etwas Neues, noch geht etwas Altes verloren.

Ja, ich darf Sie sehr herzlich zu Ihrem neuen Roman beglückwünschen, und ich wünsche dem Buch allen nur möglichen Erfolg. Ich danke Ihnen für das heutige Gespräch und hoffe, wir werden das, wenn wieder neue Bücher Thomas Bernhards nahe sind, fortsetzen.

*

Maria Saal (Kärnten), 1957   *Foto von Helmut Baar*

Armin Eichholz

Morgen Salzburg

1976

In Erwartung der alljährlichen Kunst-Entzückungs-schreie über Karajans „Don Carlos" und „Jedermanns" Curd Jürgens möchten wir zu Beginn der Salzburger Festspiele unseren Lesern ausnahmsweise ein Kontrastprogramm zu-muten: ein Gespräch mit dem österreichischen Erzähler und Dramatiker Thomas Bernhard, dem derzeit berühmtesten Verneiner Salzburgs.

Zwei seiner Stücke („Der Ignorant und der Wahn-sinnige", „Die Macht der Gewohnheit") wurden hier urauf-geführt, die für 1976 bestimmten „Berühmten" aber führten zu Krach und Bruch mit dem Festspielpräsidenten und kamen inzwischen im Theater an der Wien heraus.

Die Wiedergabe des Gesprächs mit unserem Redaktions-mitglied Armin Eichholz ist nicht ohne Tücken: Leider geht dabei die typische Bernhard-Mischung von Betroffenheit und Eulenspiegelei im anzüglich oberösterreichischen Sound ver-loren. Es fehlen die vielen retardierenden „net", es fehlt das mokierte Lächeln eines gequälten Kenners der Verhältnisse –

35

und es fehlt den meisten Äußerungen etwas von dem grund-
sätzlichen Bernhard-Vorbehalt: „I will ja net redn, i will nur
reagiern ..."

———

Leiden Sie jetzt mehr als sonst unter Salzburg, weil nicht
nur am Sonntag die Festspiele anfangen, sondern ...

Ich habe nie unter Salzburg gelitten. Worauf wollen
Sie hinaus?

... weil sie mit den Olympischen Spielen von Montreal
kombiniert sind – und Sport bekanntlich „unterhält und
benebelt und verdummt die Massen", wie bei Bernhard nach-
zulesen ist.

Alles Massenhafte ist schwer zu ertragen. Ich habe
den Sport immer gehaßt. Wo hundert hinmarschieren,
muß der Hundertste halt in die Gegenrichtung. Ohne
sich zu fragen, warum.

Also: Morgen Salzburg! Zwar heißt es in Ihrem Stück
„Die Macht der Gewohnheit" unentwegt „Morgen Augs-
burg" – aber wie Salzburgs Festspielpräsident Dr. Josef Kaut
argwöhnt, meinen Sie mit dem „muffigen, verabscheuungs-
würdigen Nest" ja doch Salzburg.

Der Kaut meint immer was Falsches. Aber mir is ja
gleich, was der Kaut meint. Er war immer sehr lieb.
Aber manchmal hört das Liebsein irgendwie auf.
Jemand, mit dem man befreundet ist, über den sollte
man nicht lügen, finde ich. Die Welt besteht sowieso nur
aus Lügen und aus falschen Tatsachen und aus Ver-
drehungen ...

Ist nun Ihr Augsburg das Salzburg oder nicht?

Ach, das ist schon so lang her.

Haben Sie übrigens gewußt, daß im 16. Jahrhundert, nach dem Augsburger Religionsfrieden, „nach Augsburg gehen" so viel heißen konnte wie „ich muß mal"? Golo Mann zitiert *einen Brief, den 1599 die deutsche Gemahlin König Philipps III., Margareta, aus Madrid an ihren Bruder, den Erzherzog Ferdinand von Steiermark, schickte; sie beschwert sich über ihre strenge Hofmeisterin und schreibt: „ ... den ganzen Tag weicht sie nicht von meiner Seite, und ich kann nicht nach Augsburg gehen, so ist sie hinter mir ..." Das heißt: Sie konnte nicht einmal unbeaufsichtigt auf den Lokus.*

Die Geschichte ist mir sehr sympathisch. Aber Lokus ist eine bayerische Form. Lokus sagt man hier nicht.

Höchstens hier in Ohlsdorf, im Zusammenhang mit dem genius loci ...

... aber ich verstehe es natürlich, ich bin in Traunstein aufgewachsen. Habe also eine gewisse Beziehung zum Lokus.

Herr Bernhard, ist es möglich, vor Ihnen das alte Salzburger Festspiel-Stichwort von Max Reinhardt auszusprechen, ohne daß Sie gleich ...

Von mir aus können Sie jedes Wort aussprechen, zu dem Sie Lust haben.

Dann muß ich Ihnen sagen, wie sehr mir trotz der vielen Autos und trotz des Autors Thomas Bernhard immer noch der erste Festspieleinfall von Max Reinhardt gefällt: „die Stadt als Szene" zu sehen.

Salzburg ist jetzt gemeint? Nicht der Lokus? Also der Locus Salzburg.

Und im Grunde machen Sie als Stückeschreiber und zuletzt in Ihrem Buch „Die Ursache" dasselbe: Sie sehen die Stadt als Szene. Nur kommen Sie als eine Art Unreinhardt zu einem Horrorbild. Sie sehen Salzburg als „tödliche Stadt", als „Todesmuseum", als „perfide Fassade", und Sie meinen, die Bewohner gehen hier „langsam und elendig auf diesem im Grunde durch und durch menschenfeindlichen architektonisch-erzbischöflich-stumpfsinnig-nationalsozialistischkatholischen Todesboden zugrunde". So etwas trauen Sie sich zu sagen, vor Mozarts Geburtshaus?

Nun, ich bin ja Salzburger! Nicht? Mein Verhältnis zu dieser Stadt ist eine Vor-Liebe.

Dann haben also Ihrer Meinung nach die Zugroasten für den schöneren Ruf von Salzburg gesorgt?

Ja, und die Salzburger selber haben den anderen Ruf gemacht. Zum Beispiel der Trakl. Der war auch kein Zugroaster. Oder schauen Sie nach bei Mozart, was der über Salzburg gesagt hat. Und tausend andere – nur: Die haben's halt nicht schriftlich gesagt.

Sie sehen sich da also auf dem Todesboden einer gewissen Tradition ... ?

Der man nicht auskann, wenn man hier ist. Da kann man vorspiegeln und tun, was man will. Die Leute mit ihrer Betriebsamkeit, die können ja ihr Schaukel-Spiel nicht plötzlich abstellen ... Wo immer so das Gold herunterfällt, wer greift da schon gern in die Speichen – dann ist ja nichts mehr im Sack, nicht?

Die Betriebsamkeit könnte einem auch wurscht sein: die Stadt als Szene ist nicht kaputtzureden. Man will ja Mozart hier nicht lesen, sondern hören. Einige wollen sogar Thomas Bernhard sehen, heißt es ...

Ja, wenn ich nicht von Kindheit an in Salzburg und wo ich geh' lauter Verwandte seh', die vor Scheußlichkeit strotzen, würde ich sehr gerne hin. Einen Besuch führe ich sehr gern dreiviertel Stunden durch Salzburg, aber mir reicht's dann. Ich weiß zu viel von den Geistesinnereien des ganzen salzburgischen Stadtkörpers. Auch ein schöner Mensch – wenn man den auseinandernimmt – ist ja innen nicht angenehm ... Wer kramt schon gern im Darm herum, wenn man mit einem schönen Menschen zusammen sein will, net ...

Dabei haben Sie auf dem Theater im Darm-Kramen die besten Ergebnisse erzielt ...

Ich bin vom Darm ja auch ausgegangen, letztlich ...

... und haben dafür eine ganz tüchtige Medizinalsprache entwickelt. Siehe den Doktor in „Der Ignorant und der Wahnsinnige", wenn er die Leichenöffnung beschreibt: „Man besichtigt das Omentum majus / dieses zieht von der Taemia omentalis / des Colon transversum / schürzenförmig wohlgemerkt / hinunter ins kleine Becken / man schlägt einfach das Netz nach oben / und betrachtet den Situs der Bauchorgane / sehen Sie / an dieser Stelle / ob die Darmschlingen stark gebläht sind ..."– Da hat sich Hofmannsthal dem Salzburger Stadtkörper aber anders genähert: Er sah hier „das Herz vom Herzen Europas", und er wollte für die Festspiele ausdrücklich ausschließen „das Düstere, innerlich Gewöhnliche, das völlig Weihelose" ... – aber genau das wollen Sie ja nun mit Ihrem in Salzburg verhinderten Anti-Festspiel „Die Berühmten" einbringen.

Salzburg hat eben beim „Ignoranten" und bei der „Macht der Gewohnheit" den Vorteil gehabt, daß man da machen konnte, was man will …

Worauf ich hinaus will, ist …

Sie wollen wo hinaus?

… so etwas wie eine Salzburgische Dramaturgie der Bernhard-Stücke. Zum Beispiel spielt zur Zeit in München Maria Becker Ihre „Präsidentin" vollkommen durchpsychologisiert – im Gegensatz etwa zu Bruno Ganz, der damals Ihren Doktor (im „Ignoranten") vollkommen entnaturalisierte und zur Sprach-Marionette machte. Die eine macht also aus Ihrem Text das Gegenteil vom anderen. Wie sieht denn Bernhard selber seine Bernhard-Figuren?

Es gibt doch hunderttausend Möglichkeiten, bei jeder Sache. Wie man eine Landschaft auf zwanzigtausend Arten malen kann, bis es einem zu blöd wird, und immer was anderes rauskommt. Mein Stück ist ja eine Vorlage. Mittelmäßige Schauspieler interessiert's schon gar nicht, weil sie zu blöd sind. Und ganz Große, da gibt's ja nur fünf oder sechs vielleicht, die reizt das. Aber jeder macht's halt anders. Das ist ja der Sinn. Mein Text ist nicht, wie normale Leut Stücke schreiben: daß sie jeden Gang einzeichnen, dort mußt du hingehen, und einatmen und aus … Das ist bei mir alles Sache des Schauspielers. Und ich liefere nur das Skelett. Was er daraus macht, ist mir im Grunde gleich, wenn es nur großartig ist und seinen Fähigkeiten entspricht. Bin ja net festgelegt. Will keinen überzeugen. Will nicht unter irgend einer Fahne marschieren … Ich will ein Reizmittel schaffen. In erster Linie mal für mich. Das interessiert mich am allermeisten. Wann's dann no wer macht, und es sind hervorragende Leut, na wunderbar. Meistens geht's sowieso schief, auch mit den besten. Weil sie meinen Text nur dreiviertel Stunden durchhalten und zuletzt an die Sache nicht mehr richtig glauben. Der Widerstand gegen solche Sachen ist an jedem Theater und bei allen Leuten immer sehr groß. Erst setzen sie sich dafür ein, aber zwei Tag drauf heißt's: was, so ein Dreck ... Und dann werden sie unsicher. So etwas geht nur hundertprozentig. Dann interessiert's auch die Zuschauer. Wenn aber dahinter nur Intriganten stehen und sagen, das ist ein Scheißdreck – dann geht's schief. Man kann auch nicht bloß eine Figur großartig besetzen, und die anderen sind dann mundtot. Mit Leib und Seele – das gibt's ja auch nicht mehr. Wenn ich schreib, mach ich das hundertprozentig. Das müßten aber die anderen auch tun. Shakespeare hat etwas Ähnliches gemacht: Der schreibt Texte hin, das muß man ausführen, und da zeigt sich aber erst, ob der Schauspieler wirklich einer ist.

Gehe ich recht in der Annahme, daß Sie im Grunde viel lustigere Stücke schreiben, als sie dann aufgeführt werden?

Es ist alles komisch. Genau wie bei meiner Prosa darf man nie genau wissen: Soll man jetzt hellauf lachen oder doch nicht. Diese Seiltanzerei ist erst das Vergnügen. Aber die Zwischentöne – wer versteht denn das heut? Brauchen's bloß die Kritiken lesen – wenn ich mir das anschau, ist das vollkommen humorlos und blöd. Wer weiß, was sie alle von mir erwarten ... Daß i a schwarz Kreuz trag, daß i umfall ...

Wenn Sie auch noch Theaterkritiken lesen, sind Sie selber schuld.

Ich lese sie. Is ja blöd zu sagen, das interessiert mich nicht. Ich lese alles, was mir irgendwie erreichbar ist, mach mir ein Bild. Bin ja net aus Granit oder gehörlos. Ich bin sehr vital, Gott sei Dank, aber auch ein empfindsamer Mensch ...

Empfindsam waren Sie besonders bei der Salzburger Absage für Ihre „Berühmten". Sie selber gehen ja mit den Festspiel-Vorbildern nicht gerade zimperlich um: Da zertöppert die Sopranistin den Puppenkopf von Lotte Lehmann mit einer Champagnerflasche. Die Schauspielerin erschlägt mit einem Kerzenleuchter die Helene Thimig. Max Reinhardt verendet mit einem Messer im Rücken. Ein Tenor erwürgt den Richard Tauber. Und ein Verleger verpaßt dem Samuel Fischer einen Genickschuß ...- „a Gschpaß", wie Sie selber dazu sagen. Aber als es der Salzburger Festspielpräsident nicht gleich wollte, schrieben Sie: „Ich brauche die Festspiele nicht."

Ich hätte das im Theater an der Wien selbst mit alten Besen aufführen lassen. Gegen jeden Widerstand und alle meine Freunderl. Ich wollte das hinter mich bringen. Die Geschicht muß erledigt sein, das blockiert mich nur.

Herr Bernhard – Sie riechen Menschenfleisch in Salzburg, in der Fanny-von-Lehner-Straße. Vor der Bürgerspitalkirche sehen Sie immer noch die abgerissene Kinderhand vom ersten Bombenangriff. In der Nähe des Bahnhofs sehen Sie die mit Leintüchern zugedeckten Toten ... Wird das alles in Ihren Salzburger Internatserinnerungen „Die Ursache", die Sie im

Untertitel „Eine Andeutung" nennen, nicht doch recht über-
dimensional angedeutet?

Die Leut sehen es überhaupt nicht mehr. Sie ärgern
sich nur, wenn sie daran erinnert werden.

Bei Ihnen klingt es aber so vorwurfsvoll, als müßten auch
alle anderen noch heute das Salzburger Menschenfleisch rie-
chen. Das lasse ich mir als Leser nicht gefallen.

Jemand, der bloß daran erinnert, ist lästig. Überhaupt: Ein denkender Mensch ist ein lästiger. Es ist eine
ganz arge Zeit – nichts anderes hat Trakl in Gedichten
abgewandelt und verstärkt.

Ihr Trick dabei: daß Sie Ihre Empfindungen als Internats-
schüler darstellen mit Ihrem heutigen Erwachsenen-Intellekt.
Sie geben Ihrer Jugend eine ziemlich starke Formulierhilfe.

Was ich mir alles gefallen lassen muß …

Ich denke, Sie sind nach so vielen Bernhard-Kommentaren
abgehärtet genug. Sie haben ja schon Ihre ersten
Geigenübungen in der Salzburger Schuhkammer samt einem
Selbstmordversuch am Hosenträger gut überstanden. Was
haben Sie eigentlich damals gespielt?

Ich konnte effektiv nicht die einfachste Notenfolge. I
hab mi hingestellt hinter der Tür und gefiedelt. Es hat
geklungen wie von Paganini oder so. War natürlich
selbsterfundenes Zeug, nicht. Es klingt halt oft was
nach was.

Sie sind gegen Ihren Willen mit Hunderten von Salz-
burger Bürgern verwandt. Heutige Ärzte, Mühlenbesitzer,
Richter sind mit Ihnen aufs Gymnasium gegangen – was

glauben Sie: Warum tun die sich leichter, in Salzburg zu leben? Haben die sich vielleicht mehr Mühe gegeben als Sie?

Richter? Was will man mit dem reden? Da kann man nur dastehen. Möglichst sich beherrschen. Möglichst nix sagn. Wann ma net gfragt wird, schon überhaupt nicht. Leute wie Richter kann man nicht überzeugen von irgendeiner Wahrheit und nicht von der einfachsten Sache der Welt …

Und da soll einer nicht heraushören, daß Sie einmal Gerichtsreporter am sozialistischen „Demokratischen Volksblatt" gewesen sind … Nur klingt alles so, als ob Sie den anderen Salzburgern den Vorwurf machen, daß sie nicht auch so kritisch leben wie Sie, daß sie nicht auch leiden, sondern sich angepaßt haben.

Aber das Richteramt, und daß man über andere schreibt, ist doch eine tolle Sache, im Grunde …

Im Grunde beziehen Sie doch alles, was Sie schreiben, aus dieser Gegend: In und um Ohlsdorf begegnet man Bernhard-Menschen, Bernhard-Fabriken, Bernhard-Landschaften – aber Sie selber, so scheint es, schließen sich da völlig aus. Sie schreiben sozusagen als Kunstfigur Bernhard, nicht als Sie selber. Ich glaube, man identifiziert Sie zu Unrecht mit Ihrer Kunstfigur.

Des is ja gar nicht möglich! Ich hab a Bergwirtschaft, die ich zu bewirtschaften hab, und i hab da viel zu tun, i muß mit'm Traktor raus … Was interessiert mich diese Kunstfigur. Soll ich öffentlich in allen Zeitungen Inserate aufgeben: Ich bin nicht ich? Da glaubn die Leut, da sitzt jetzt einer, verkümmert, am letzten Gedanken nagend, als armer Geisteshund da, den Revolver neben sich … Davon ist keine Rede. Mir tun die Leut alle leid.

Aber nach Ihrem jüngsten Buch sieht Sie doch jeder noch mit einem Hosenträger um den Hals in der Salzburger Schuhkammer sitzen.

Jeder junge Mensch macht das im Grund mit. Es gibt anders Gelagerte, mehr oder weniger Sensiblere.

Kommen Sie eigentlich noch freiwillig nach Salzburg? Versuchen Sie manchmal, da zu parken?

I hab da an festen Platz.

Ah, so ist das. Aber eine Mozartkugel, die haben Sie noch nicht gekauft, oder?

Ich hab, glaub ich, schon mal eine gekauft und verschenkt – und einmal eine gegessen. Marzipan ist ja sehr ungesund, net! Ganz schlecht! Hat mir mei Bruder gsagt, der ist Internist. Der sagt: Marzipan ist das Letzte. Aber das werden Sie wissen …

Also von der Mozartkugel sind Sie jedenfalls nicht geprägt – wenn ich recht gelesen habe, wurden Sie von Ihrem Großvater nicht mit Marzipan versorgt, sondern mit Montaigne …

Mein Großvater hat mir den beigebracht. Wahrscheinlich mühselig. Aber ich war empfangsbereit. Damals habe ich nur zugehört und fast nichts gelesen, weil mir Bücher im Grunde eigentlich verhaßt waren.

Dann ist Ihnen vielleicht gar nicht aufgefallen, daß Montaigne Sätze geschrieben hat, die sich lesen wie Aphorismen zu Bernhard? Oder als hätten Sie sich danach stilisiert.

Ja wie das?

Zum Beispiel: „*Von Natur aus habe ich einen wunderlichen und kargen Stil*". Oder: „*Mir mißfällt es, mehr zu sagen als ich meine*". Oder: „*Über den Tod nachdenken heißt, über die Freiheit nachdenken*". Oder: „*Alle Dinge nehme ich von der schlimmsten Seite*". Und natürlich: „*Ich enthülle sogar Gedanken, die man eigentlich nicht veröffentlichen kann ...*"

Ganz meine Welt. Das könnte aus meinem Zustand sein.

Woher kommt eigentlich Ihr gespanntes Verhältnis zum Sport? Wo Sie doch früher die 1000 und die 100 Meter so schnell gelaufen sind? Was war Ihre Hundert-Meter-Zeit?

Ich hab nur immer gewußt: Wann i lauf, kommt mir keiner nach!

Viele können Ihnen auch heute nicht folgen, in Salzburg. Ob Ihre skandalösen „Berühmten" aber nicht doch eines Tages zugelassen werden?

Ich habe keine Beziehung dorthin. Aber die Leut werden weggehen oder sterben – aber bis die nicht gestorben sind, ist Salzburg gestorben, wahrscheinlich ... Außer ich sterb früher ...

Einmal werden Sie ja doch als Teil des barocken Salzburg kanonisiert. Es wird zu den Festspielen Bernhard-Tage geben ...

Dem kommt man nicht aus. Man schmeißt einen in den Topf, rührt um und verkocht einen mit, ob man will oder nicht. Man muß halt ein harter Knochen sein.

Angenommen, man würde Sie trotz allem ersuchen oder gar bitten, zur Eröffnung der Salzburger Festspiele die obligate Ansprache zu halten – würden Sie es tun?

Nein! Das hat sogar der Canetti nicht gemacht.

Schade. Sie haben mit Ihren Festansprachen immer ganz schön Furore gemacht. Zum Beispiel beim Österreichischen Staatspreis in Wien, als der Kultusminister aufstand und wegging mit den Worten: „Wir sind dennoch stolze Österreicher".

Lauter unqualifizierte Leute in fast allen Regierungen ... Das ist immer so gewesen.

Und Sie selber als qualifizierter, Sie würden nie das tun, wofür Sie andere madig machen? Sie sitzen hier, machen sich praktisch über alles lustig, Sie haben diese Privilegiertenstellung ...

Gar so privilegiert war's nicht. Wie ich vor elf Jahren das Haus ausgebaut hab, hab ich ein Darlehen vom Ministerium gekriegt von 30.000 Schilling. Dann hab ich elf Jahre nichts gehört, bis vor einem Monat. Da war ich in Lissabon, und der Botschafter hat mich dort lächerlich gemacht, hat in der österreichischen Kolonie herumgeredet, sie soll nicht hingehen, wo der destruktive scheußliche Kerl auftritt ... Darüber macht sich natürlich ein Goethe-Institut, machen sich die Deutschen wieder lustig, nicht ... Und wie ich zurückgekommen bin, haben sie jetzt das Darlehen von mir verlangt. Und zwar sofort einzahlen. Drohung nach elf Jahren. Ohne alles, ohne Anrede der Person, ohne Unterschrift. Können Sie sich vorstellen, daß dies die privilegierte Person ist? Ich hab mich sofort losgekauft von diesem Ministerium.

Aber angenommen, Sie würden völlig anonym in einer großen Stadt leben. Sie hätten keine Probleme mehr – Sie könnten womöglich überhaupt nicht mehr schreiben. Sie brauchen Salzburg, Sie brauchen Ohlsdorf.

Jaja, Probleme. Am besten, man lebt in einer nicht zu schönen Gegend. Weil einem sonst bestimmt nichts einfällt. Vielleicht würde mich London interessieren. Man braucht eine Beschäftigung, die einen jeden Tag beansprucht, als Gegengewicht. Ich könnte nicht sitzen und warten, bis mir was beikommt. Ich kann mir nur mit meiner Hausarbeit den Grausen holen und aus dem Grausen dann schreiben und dann wieder beim Schreiben den Grausen holen und zurück. Eine Wechselwirkung, die sich immer wiederholt. Und im Winter … da kommt der Schnee, naja. Und dann wird alles weiß und dann komm ich zum Papier auch zurück mit dem weißen Schnee..

… auch der Dichter duldet kein Weißes. Und was schreiben Sie jetzt?

Ein Theaterstück wird's wohl werden. Über einen Richter und über einen Kritiker. Das sind ja ähnliche Ämter, nicht?

Ich ahne Schlimmes. Jetzt wird's Zeit, Ihnen für das Gespräch zu danken …

Gespräch nennen Sie das?

*

Breitenschützing (OÖ), 1977   Foto von Franz Josef Altenburg

Brigitte Hofer

DAS GANZE IST IM GRUNDE EIN SPASS

1978

Am 12. April 1978 las Thomas Bernhard in der Öster-
reichischen Gesellschaft für Literatur. Am späten Vormittag
traf Brigitte Hofer Thomas Bernhard im Café Bräunerhof
zum Gespräch. Im Café wurde es zu laut, die beiden sprachen
weiter im Auto von Brigitte Hofer – zuerst über das Pro-
gramm, in dem eine Lesung aus dem „Atem" angekündigt
worden war. Hier das ungekürzte Tonbandprotokoll:

Ja, aus dem „Atem" kann man nicht lesen, man kann
nicht seine eigene Krankheit vor den Leuten vorlesen,
das geht gar nicht. Das heißt, die „Billigesser", das ist
ein Manuskript, das ich in letzter Zeit fertiggemacht
hab', aus dem werd' ich ein Stück lesen. Das ist eine
Auseinandersetzung zwischen den WÖK*-Menschen,
den Auge Gottes-Menschen und den Zögernitz-Men-

* WÖK: Wiener Öffentliche Küche

49

schen, das ist im 19. Bezirk angesiedelt, und die beargwöhnen sich halt gegenseitig, nicht. Jeder hält sich für das Beste. Die WÖK-Menschen triumphieren, glaub' ich.

Ein Essay, der in Kürze erscheinen soll?

Das kann vielleicht im Herbst kommen, das weiß ich noch nicht.

Werden sie aus „Immanuel Kant" vorlesen?

Nein, auch nicht, das Stück hab' ich noch nie gelesen, das müßt' man so aufschlüsseln, und da müßt' man sich im Moment wirklich zur komischen Figur machen … das geht nicht, ich mein' das wär zu grotesk.

Das wird ja sehr bald seine Uraufführung haben – in Deutschland.

Das ist am Samstag, ja, in Stuttgart.

Und warum in Stuttgart und nicht in Wien?

Ja, dort ist der Claus Peymann, mit dem ich das immer am liebsten mach', der versteht mich, da braucht man nicht viel reden, das funktioniert dann.

Hat sich schon irgendein Wiener Theater darum gekümmert, dieses Stück aufzuführen?

Nein, gar nichts. Nein, ich will auch nicht, ich hab' auch gar nichts unternommen, und jetzt werden wir einmal sehen, wie das dort ist. Man weiß das nie.

Das heißt also, wenn ein Wiener Theater es hätte aufführen wollen, dann hätten sie ihm das Mansukript geschickt. Es hat sich aber kein Wiener Theater gemeldet bei Ihnen.

Ich schau', welche Schauspieler wo sind, das ist bei

meinen Sachen ja sehr wichtig, daß das wirklich erstklassige Schauspieler sind, und in Wien gibt's zwar hervorragende Schauspieler, aber die werden dann wieder schwach, weil im Hintergrund schwache Direktoren stehen; also es nützen die besten Schauspieler nix, wenn hinten keine Mauer da ist, und da bricht dann immer alles zusammen und zerbröselt.

Und der Regisseur?

Na, Regisseur wüßt' ich auch keinen, hier schon gar nicht.

Arbeiten Sie weiter an Ihrer Biographie, nach „Ursache", „Keller" und „Atem", in denen Sie Ihre Jugendjahre in Salzburg, in Schule, Internat und Kaufmannslehre sowie eben dann im Spital verarbeitet haben?

Wenn ich's erleb', werd' ich das sicher machen, bevor's andere machen und dann eben ihre Blumen wachsen lassen, die alle nicht stimmen. Und ich will das halt selber machen, bevor andere ihr Gemälde zeichnen.

Sie können's ja auch in einer ganz anderen Form machen.

In meiner halt. Ich mein', das geht sicher weiter, ich will das Ganze soweit treiben, bis es mit 23 halt endet, bevor ich erwachsen bin. Ich bin ja kein Memoirenschreiber, das will ich gar nicht; das ist wirklich nur Kindheit.

Das heißt, Sie müßten jetzt über Ihre Auseinandersetzung mit der Musik arbeiten.

Nein, jetzt käme noch eine Groteske, muß ich fast sagen, über die Ärzte und das Sanatorium und alles das. Dann kommt der Sprung in die Musik wieder, also

Musikstudium, Dramaturgie eigentlich, Schauspielerei, was ich ja alles gemacht hab' bis zum Zeugnis. Aber mit dem Zeugnis in der Hand – ich hab' das ja alles abgeschlossen damals am Mozarteum – bin ich bei der Tür heraus und hab' mir geschworen, nie wieder will ich damit irgend etwas zu tun haben. Damit war das abgeschlossen. Das Studium war abgeschlossen, aber auch die ganze Sache. Vielleicht werden das fünf Bücher oder sechs, sieben, ich weiß es nicht.

Worin besteht nun dieser Prozeß, sein Leben literarisch zusammenzufassen? Wie wirkt sich diese Arbeit auf das eigene Leben aus, wie auf die Literatur?

Ich weiß überhaupt nicht, ob's mit Literatur etwas zu tun hat. Das ist nur eine Aufarbeitung, würd' ich sagen, meiner Erinnerung, und die ergibt sich dann ziemlich von selbst. Ich hab' auch stilistisch gar keine Probleme, mir überhaupt nichts vorgenommen, hab' das nie literarisch irgendwie ..., nicht einmal geschätzt, würd' ich sagen, sondern ich setz' mich hin und erinnere mich und schreib' das auf, ohne Formproblem.

Ja, aber wo sind da die Grundlagen für die Annahme, daß es berechtigt ist, vielen Menschen die eigenen Erlebnisse mitzuteilen?

Ich muß das selbst machen, bevor das andere machen. Ich mein', wenn ich die Zeitungen aufmach', stehn da über mich die unmöglichsten Sachen, und „mein Weg geht dorthin und dahin" und alles, was Tod betrifft und Leben und Philosophie und einfaches Leben und hin und her, das ist alles falsch bis jetzt. Und dann kommt der Moment, wo einem vor dieser Sache graust, und dann setzt man sich selber hin und versucht, das mehr oder weniger ins Authentische zu bringen. Das gelingt natürlich auch nur annähernd, wie alles, das meiste vergißt man dann wieder.

Das heißt, die Deutung der Werke kann nur aus den Werken entstehen?

Nein, ich glaube, meine Literatur, die ich geschrieben hab', hängt ja mehr oder weniger in der Luft, wenn man nicht eindeutig irgendwann einmal sagt, woher kommt das alles, nicht? Also ich muß dem einen Halt geben. Und jetzt nach 20 Jahren hab' ich das Gefühl gehabt,wie ich das mach'. Und wahrscheinlich ist das auch gut, das so zu praktizieren.

Ja, und damit erklären Sie auch Ihren Pessimismus in Ihren Arbeiten. Könnte man den als Mittel der Aufklärung, wenn auch ein sehr hartes Mittel, interpretieren?

Ich versuch' aufzuhellen und aufzuklären durch diese biographischen Notizen.

Im „Atem" schreiben Sie ja, daß Sie Bruchstücke Ihrer Kindheit und Jugend festhalten, nicht mehr, die aber die logische Entwicklung zu einer weiteren Existenz zeigen. Kann man sagen, daß Sie jetzt Ihren Existenzrhythmus gefunden haben? Finden Sie das selbst?

Ich glaub', ich bin von Anfang an in meinem Rhythmus drinnen, der sich intensiviert, mit dem Alter folgerichtig fortschreitet, und ich hab' bewußt nie eingegriffen.

Werden Sie Ihre biographischen Arbeiten fortsetzen, wird also dieser Auseinandersetzung mit der Musik der nächste Abschnitt gewidmet sein?

Ich hab' die Lust, das zu tun; vielleicht in einem Jahr wieder. Momentan ist das einmal wieder erledigt; dann schreib' ich an einer Prosa, also an einem Roman, einem längeren, und an einem Stück.

Was ist das für ein Roman, an dem Sie schreiben?

„Unruhe" heißt das, das wird wieder eine längere Sache, die mich seit vier, fünf Jahren beschäftigt.

Also auch über das eigene Leben?

Das ist ein stilistisches Problem, und da ist Sprache im Vordergrund, also nicht Leben, hat mit mir an und für sich nichts zu tun … insofern alles mit einem nix und eigentlich alles zu tun hat, nicht, dem kommt man ja nicht aus.

Und das Stück, das Sie schreiben?

Das heißt „Die Milchkanne", ganz einfach. Das ist ein Stück für den Minetti und die Therese Affolter, und das wollen wir noch aufführen in Stuttgart, bevor der Peymann dort weggeht. Also wahrscheinlich im kommenden Winter noch.

Und welche Struktur hat dieses Stück, ist es vergleichbar mit den früheren?

Es ist meine Art zu schreiben, nicht.

Eine Komödie, ein Drama, eine Satire?

Nein, es ist die Beziehung eines alten, ganz alten philosophischen Mannes und Charakters, der sich im Wald zurückgezogen hat, sein Leben rekapituliert, und der von der Milch lebt, die ihm das junge Mädchen durch den Wald jeden Tag um sechs am Abend bringt. Und was sich da für eine Spannung daraus ergibt, also zwischen einem Greis und einem Fast-noch-Kind, das immer, wenn es zu ihm geht, mehr oder weniger die Finsternis durchqueren muß, und das ergibt dann diese Spannungselemente und das Spannungsfeld, auf dem das Stück eigentlich basiert und aufgebaut ist. Und ein Formproblem – für den Minetti wollt' ich eben noch einmal was machen, und für dieses junge Mädchen.

Nun zu dem Stück „Immanuel Kant", das jetzt in Stuttgart uraufgeführt wird. Es erzählt davon, wie Herr Kant mit Anhang – mit Frau, Papagei und Diener – auf einer Seereise nach Amerika verschiedene Personen trifft, unter anderem eine Millionärin, einen Admiral, einen Kunstsammler, einen Kardinal und einen Kapitän. Bezeichnend für diese Leute ist die Borniertheit ihrer inneren Haltung – sie können sich nur in konventionellen Floskeln unterhalten, hinter denen sich Unmenschlichkeit verbirgt. Diese Unmenschlichkeit kommt besonders zum Ausdruck, wenn von wirklichen Lebensproblemen die Rede ist, etwa von der Not und Krankheit der Armen. Ist das ungefähr das, was Sie sagen wollen?

Ja, das ist eine Gesellschaft auf hoher See, wo der Untergang in jeder Minute drinnen ist, also alles kann immer untergehen. Diese Gesellschaft ist eben auf der Oberfläche und bringt dann diesen Nörgler Kant, der ein Verrückter ist, wie alle großen Philosophen, ob sie sich einbilden, daß sie es sind oder nicht, um, sie erwürgen ihn. Letzten Endes kommt er dann ins Irrenhaus, wie das der normale Weg ist, nicht, eines denkenden Menschen, nicht, der endet im Irrenhaus.

Er endet bezeichnenderweise in Amerika im Irrenhaus.

Er endet in der Welt oder in der Geschichte, das ist ja auch ein Irrenhaus. Und der Stellenwert, den ein Philosoph dann in der Geschichte hat, das ist eigentlich der Stellenwert, den eine Zelle in einem Irrenhaus hat, wenn man die Welt als Irrenhaus bezeichnet.

Der Unterschied zwischen alter Welt und neuer Welt ist nicht so relevant dabei, meinen Sie?

Glaub' ich nicht, nein.

Man könnte also „Immanuel Kant" auch ersetzen durch etwaige beliebige Personen?

Ich hätte auch sagen können „Schopenhauer".

Oder Fichte oder Hegel oder Schelling …

Das vielleicht wieder weniger, denn Kant ist ja doch …, der überragt die alle, nicht, drum hab' ich ihn genommen.

Nun ist aber dieses Stück eine Komödie. Worin besteht der Unterhaltungseffekt?

Das Ganze ist im Grunde ein Spaß, es wird auch so herauskommen, hoffe ich. Vielleicht wird's sogar ein Schwank, was ich wollte.

Könnte man jetzt mit Kant selbst sagen „Das Komische ist das verfehlte Erhabene"? Das würde doch eigentlich auf diese Interpretation passen.

Ja, eigentlich vollkommen klar, das könnte als Motto vor dem Stück stehen. Leider ist mir der Satz nicht untergekommen, während dem Schreiben.

Das Thema Virtuosität kehrt in Ihren Arbeiten immer wieder, auch Immanuel Kant ist Virtuose. Als Dekadenzer-

scheinung, könnten Sie sich an Stelle dieser Virtuosität ande-
res vorstellen, oder ist es Ihnen selbst möglich, gegen die
Virtuosität irgendwie anzurennen?

Das würde ich nie wollen, weil mir der ganze Spaß
an Literatur und Kunst eigentlich immer nur die
Virtuosität war. Mir war immer weniger wert, um was
es geht, sondern wie's gemacht ist.

Ja, aber in Ihren Stücken kommt's eigentlich mehr als
Dekadenzerscheinung heraus, das heißt, Sie sehen das gar
nicht so.

Das wird's sein, wahrscheinlich bin ich auch deka-
dent, sicher. Und drum kommt das so heraus, wie ich
bin letzten Endes.

Wenn Sie schreiben, haben Sie da einen Dialogpartner,
oder konzentrieren Sie sich ganz auf sich selbst?

Nein, ich seh' Schauspieler, ich seh' Figuren, für die
ich das mach'. Und die bekommen Namen und Funk-
tionen und treffen aufeinander, gehen wieder auseinander. Ich will ja keine Stücke, ich will ja eigentlich keine
Menschen beschreiben, auch keine Charaktere, Schick-
sale, wie das im Drama normalerweise immer gewesen
ist und auch gefordert wird und die Leute das gern
haben. Ich mach' eine Notenschrift für Schauspieler.
Und was ich schreib', meine Wörter, sind eigentlich nur
Notenköpfe, und die müssen dann drauf spielen, da
kommt ja erst die Musik heraus, also ich weiß nicht, wie
das ist, wenn man's liest, da müßte man eigentlich
Partituren lesen; es lebt noch nicht als Musik, das ist es
noch nicht, und eigentlich auch nicht als Stück.

Bestehen irgendwelche Identifikationspunkte für Sie selbst, könnte man zum Beispiel den „Kant", als irgendeine Form der Selbstkritik sehen?

Ich bin ja auch irgendso eine Figur, die in der Gesellschaft auftritt, manchmal, und so was weismacht, von sich gibt, von sich spricht natürlich, auch Leute überzeugen will, sie irgendwohin führen will, möglichst in den Abgrund, wie die Philosophen oder alle philosophierenden Menschen, und auch auf einem Schiff, nicht, vielleicht ist Österreich so ein Dampfer, das kann schon sein.

Sagen Sie das jetzt wirklich im Ernst, daß Sie die Menschen in den Abgrund führen wollen?

Das ist ja ein großer Reiz, nicht, den die Leute schon als Kind haben, daß sie entweder sich selbst bis zum Übergewicht vortreten lassen an den Abgrund oder das Verlangen, einen anderen hineinzustoßen oder ganze Massen.

Das heißt, Sie sehen sich als Rattenfänger.

Ich kann mir darunter nichts vorstellen jetzt, das ist mir zu märchenhaft, glaub' ich.

In einer Österreich-Anthologie sollte ein Beitrag von Ihnen über Österreich erscheinen. Diesen Beitrag hat der Verlag, übrigens Ihr eigener, der Residenz Verlag, abgelehnt. Sie haben diesen Artikel in einer Zeitung in der Bundesrepublik Deutschland veröffentlicht. Sie stehen also eigentlich im permanenten Kampf in Ihrer Haltung zu Österreich. Können Sie einige Punkte Ihrer Kritik nennen?

Ich kann nur den Vorgang aufzeigen, wie der war, mit diesem Stück. Der Verlag hat gesagt, er macht diese Anthologie, und ich soll über Österreich was schreiben. Und ich hab' gesagt, das will ich nicht, über Österreich was schreiben, denn ungefähr wird man ja wissen, was ich schreiben würde. Aber nachdem der Verlag keine Ruh' gegeben hat, hab' ich gesagt, gut, ich mach' das. Ich hab' das dann gemacht, der Lektor ist gekommen und hat gesagt, das ist der beste Beitrag in dem ganzen Buch, das ist eigentlich die Würze, und war begeistert und wunderbar. Drei Wochen darauf kommt der Verleger und sagt, das kann er nicht machen. Er hat den Beitrag einem Anwalt vorgelegt, und der Anwalt hat gesagt, nein, das ist klagbar, die Republik wird klagen oder irgendein verrückter Pfarrer wird wieder kommen und wird das klagen, und er hat wieder Prozesse, nicht. Und ich soll das ein bissel ändern, da hab' ich gesagt, ändern tu ich's nicht, also entweder so wie es ist oder gar nicht, und dann sind wir auseinandergegangen. Wenn ich es schon auf Auftrag geschrieben hab', soll es auch erscheinen. Da hab' ich's der „Zeit" geschickt, in einem Kuvert, und dort ist es erschienen.

Welches sind nun die wesentlichen Angriffspunkte Ihrer Kritik? Viele Menschen haben ja diesen Artikel in der „Zeit" nicht gelesen.

Ich glaube, es kommt in diesen paar Sätzen zum Ausdruck, daß es ganz gut wäre, wenn in diesem Land sich wieder irgend etwas grundlegend ändern würde, und zwar wirklich politisch und dadurch auch wirt- schaftlich, kulturell; das ist alles eingeschlafen, und zwar seit ungefähr acht, neun Jahren ..., das ist einfach zu lang. Ich glaub', so alle fünf, sechs Jahre sollte tatsächlich ein politischer Umsturz stattfinden, die Türen gehören wieder aufgemacht, die Fenster, es gehören neue Leute hinein. Die haben sich alle festgesetzt und bringen das Ganze eigentlich immer näher an den Abgrund, von dem ich zuerst gesprochen hab'.

Liegen da nicht schon in dieser Situation die Ansatzpunkte für Ihre Kritik, daß also ein Artikel, der sich scharf gegen Österreich wendet, in Österreich nicht erscheint?

Das ist an und für sich so typisch wie kein zweites Beispiel, das ich in letzter Zeit kenne.

Jetzt noch einmal zum „Atem". Sowohl in der „Ursache" wie im „Keller" wie auch jetzt im „Atem" beschreiben Sie Bruchstücke Ihrer Kindheit und Jugend; die sollen eine logische Entwicklung zu Ihrer weiteren Existenz aufzeigen. Im „Atem" ist es die Zeit, in der Sie im Spital liegen, eine Periode, in der Sie sehr auf sich gestellt sind, dadurch aber auf besondere Weise einen Weg zu Ihrer weiteren Existenz finden.

Mein Problem war erstens, das so bald zu schreiben, dann die Frage, ob ich's schreiben kann, und die dritte, ob man sowas veröffentlicht, über sich, in dieser Weise. Ich hab' mir dann diese Fragen überhaupt nicht mehr gestellt und hab's einfach geschrieben und veröffentlicht und mich mit keiner dieser Fragen mehr beschäftigt.

Das ist eigentlich ein sehr konkretes Buch von Ihnen geworden, ein Buch, das in der Form etwas von den anderen absticht.

Das ist für mich kein literarisches Buch, weil es ja keine erfundene Geschichte ist, es ist gar kein Sprachproblem drinnen, für mich. Das ist ein Buch, das einfach aus der Persönlichkeit, aus der Erinnerung sich mehr oder weniger selbst ergeben hat.

Und das eigentlich eine Lebensentscheidung von Ihnen zum Leben enthält. Könnte man das so sagen?

Das ist die logische Folge, warum ich heute lebe, nicht, erklärt eigentlich ... erklärt alles. Sonst wär' ich ja nicht mehr da.

Es zeigt aber auch in sehr kritischer Weise z. B. die Situation in einem Spital, das Sie einmal eine „Todesproduktionsstätte" nennen.

Ich glaube, daß das alles jeder erlebt, der ähnliches mitgemacht hat, der in einer solchen Lage in so einem Spital war, ich mein', das wird sich in jedem ähnlichen Fall wiederholt haben, das ist an und für sich keine ausgefallene Sache.

Ja, Sie zeigen da den Unterschied zwischen den Zimmern, wo die schon dem Tod geweihten Menschen liegen, und auch die Zimmer, wo es viel „freundlicher" zugeht, wie sich ein Primarius einmal ausdrückt. Ich glaub', der sagt nicht „freundlich" dazu, wie sagt der?

Doch, er sagt „freundlich"; er will mich in ein „freundlicheres Zimmer" legen, weil er gar nicht mehr weiß, was es ist, und auch mit Begriffen gar nicht jonglieren kann.

Also die fürchterliche Einsamkeit des Menschen, und die Unmöglichkeit ...

Nein, das sind Menschen, die aus der Welt schon hinausgeschoben sind, unter denen befindet man sich halt dann. Mit wenig Aussicht, wieder zurückgeschoben zu werden, nicht, weil das will man gar nicht mehr.

Und auch da die Fast-Unmöglichkeit der Kommunikation zwischen den Menschen; auch zwischen den Menschen, die man doch liebt oder die einem am nächsten stehen, also zwischen den Verwandten.

Ja, die haben einen schon verabschiedet, nicht, oder man hat sich selbst auch innerlich von ihnen verabschiedet, also ist gar keine Verständigungsmöglichkeit mehr da, abgesehen davon, daß man physisch auch nicht mehr die Möglichkeit hat, nicht. Aber natürlich, ein Rest von Willenskraft wahrscheinlich, der bringt einen wieder zum Leben zurück, indem man das dann doch in die Hand nimmt und halt alle Kräfte zusammennimmt.

Die Beziehung zum Theater kommt immer wieder durch, zum Beispiel bei der Metapher von dem Marionettenspiel, wenn die Menschen im Spitalsbett an den Schläuchen hängen, wo sie mit letzter Kraft genährt werden, oder auch bei dieser – wie Sie es nennen – „perversen Schmierendarstellung" der Letzten Ölung.

Na, um mir diese furchtbaren Dinge überhaupt erträglich zu machen, hab' ich schon als Kind immer den Umweg über das Theatralische gesehen, nicht. Die fürchterliche Wirklichkeit letzten Endes niemals als Tragödie, sondern als Komödie. Das war mir die einzige Möglichkeit – und ist es heute auch noch.

*

Ohlsdorf (OÖ), 1985　　　　　　　　　　　　　　　　　　*Foto von Patrick Guinand*

Nicole Casanova

ICH FÜLLE DIE LEERE MIT SÄTZEN AUS

1978

Jede Bitte um ein Interview mit Thomas Bernhard war ohne Antwort geblieben. Als Wolfgang Schaffler, der damalige Leiter des Residenz Verlags, merkte, wie ratlos ich war, schickte er Thomas Bernhard folgendes Telegramm: „Nicole Casanova kommt am 17. Mai um ... zu Ihnen". Und zu mir sagte er: „Fahren Sie ruhig hin, Sie werden schon sehen!" So bin ich also mit meinem Auto losgefahren, von Dorf zu Dorf, ohne wirklich zu wissen, ob ich am Ende überhaupt jemanden antreffen würde.

Der Bauernhof von Thomas Bernhard erinnerte mich an Wehrhöfe von früher, vielleicht war dieser ursprünglich auch einer. Niemand empfing mich am Tor, auch im Hof, der in mir die Assoziation einer in ‚sol y sombra' geteilten Stierkampfarena auslöste, war niemand zu sehen. Ich wartete einen Moment, dann sah ich auf der Sonnenseite eine kleine Tür, die zu den Wohnräumen zu führen schien. Ich hatte meine Hand auf der Türklinke und war gerade im Begriff einzutreten, als Thomas Bernhard plötzlich hinter mir auftauchte.

Jetzt wurde mir klar, daß er sich in der Scheune auf der Schattenseite versteckt und mich schon eine geraume Zeit beobachtet hatte. Entsetzen über mein Eindringen in sein Haus muß ihn aus seinem Versteck getrieben haben. Wenn ich schüchterner gewesen wäre, wäre ich ohne ihn gesehen zu haben wieder abgefahren – das nehme ich zumindest an.

Ich muß hinzufügen, daß ich im ersten Moment an die Erscheinung von Nosferatu im gleichnamigen Film gedacht habe – aber Nosferatu hatte die Höflichkeit besessen, sich vor den Eingang zu stellen, wenn auch auf eine etwas abrupte Weise ...

Das Gespräch fand im Hof statt; wir saßen einander an einem kleinen Metalltischchen gegenüber, auf der Sonnenseite, was Thomas Bernhard als Vorwand diente, seine schwarze Sonnenbrille aufzubehalten.

Sicher störte ich ihn sehr und mein Eindringen war ihm sehr unangenehm. Er war trotzdem sehr freundlich, auf meine Fragen antwortete er geduldig und ausführlich und ließ mich auch sonst nicht spüren, daß ich ihn belästigte.

―――――

Thomas Bernhard, stimmt es wenn ich sage, daß Sie um einen leeren Raum herum, den Raum der Metaphysik, leben und arbeiten?

Vielleicht ist es ein leerer Raum, den ich ausfülle. Man selbst füllt die Leere aus. Ich fülle sie mit Sätzen aus. Ich versuche, Gedanken zu haben, und die Gedanken werden zu Sätzen, wenn ich Glück habe. Und so kann ich existieren – vielleicht. Aber die Leere taucht immer wieder auf, naturgemäß. Man könnte sich in sie hinunterstürzen, und das wäre das Ende, aber es wäre schade um unsere Neugier. Im leeren Raum muß etwas geschehen.

Durch die Sprache?

Ja. Das ist meine Leidenschaft. Das ist wie für einen Zirkusmenschen, der muß tanzen, sonst bringt er sich um. Und ich muß schreiben, sonst würde ich mich umbringen. Und seit einiger Zeit habe ich keine Lust mehr, mich umzubringen, obwohl ich dieses Bedürfnis sehr stark gespürt habe. Aber seit einigen Jahren hat es abgenommen. Ich weiß nie, wann es wiederkehren wird, manchmal ist es von neuem da, aber nur kurz. Sich umzubringen, das hat genausowenig Sinn wie weiterzuleben.

Man muß auf die Dinge setzen, die geschehen können.

Ja, erst geschieht nichts, und dann geschieht etwas. Das ist ein Glücksspiel. Man ist wie ein Spieler, der immer hofft zu gewinnen. Er nimmt eine Unmenge von Lotteriescheinen, und wenn er sechzig auf einmal gekauft hat, dann gewinnt er fünfzig Schilling. Dann hat er von neuem das Gefühl, daß er weitermachen muß, selbst wenn er mit den nächsten hundert Scheinen nichts gewinnt. Er hofft immer, das große Los zu ziehen.

Was würden Sie gerne gewinnen?

Das weiß man nie. Das ist vielleicht nur das Leben, nicht? Aber man weiß es erst hinterher, daß es der Haupttreffer war. Das Spiel ist ein Schwindel.

Benötigen Sie diese Mauern, um schreiben zu können?

Ich habe sie mir zum Schreiben geschaffen, aber es war ein Irrtum. Ich lebe seit dreizehn Jahren hier, aber während der ersten sechs Jahre konnte ich auf diesem Bauernhof nicht schreiben. Ich mußte wegfahren. Derzeit geht es. Ich zwinge mich dazu, und es geht.

Müssen Sie sich oft zu etwas zwingen?

Ja.

Ich versuche mir vorzustellen, was um Sie herum noch vorhanden ist, mit Ausnahme dieser Projektion von Sätzen in einen leeren Raum. Bücher? Haben Sie viele Bücher?

Ich habe immer zu viele. Ich fühle mich nur dann frei, wenn keine Bücher in der Nähe sind. Aber jeden Tag kommen welche an. Ich könnte nie mit einer Bibliothek leben. Das würde mich erdrücken. Oder es müßte mir gleichgültig sein, aber es gibt wenig Dinge, die mir gleichgültig sind.

Menschen gehen Ihnen nicht ab?

Ich bin nie ganz allein, selbst wenn ich es sein will. Oder ich muß wegfahren. Ich halte das Alleinsein gut aus. Immer, wenn ich die Menschen nicht mehr ertragen konnte, dann habe ich am besten gearbeitet.

Lesen Sie die Kritiken? Fühlen Sie sich manchmal verstanden?

Ich habe, glaube ich, noch nie etwas gelesen, wovon ich denken konnte: Das ist gut so, genau das denke ich. Aber zweifelsohne gibt es dieses Gefühl gar nicht. Wenn jemand ganz genau die Gedanken eines anderen wiedergeben könnte, dann müßte er schweigen, weil er sonst vollständig aufgesaugt und verschlungen würde.

Dann geht man weg, man rettet sein Leben, indem man sich in die Lüge und die Oberflächlichkeit flüchtet, wie ein Ertrinkender, der kämpft, um dem Strudel zu entkommen.

Haben Sie einen guten Kontakt zu Gegenständen wie Früchten, Bäumen und Steinen?

Manchmal habe ich einen sehr starken Kontakt, wenn ich nicht arbeite, wenn's nicht weitergeht, dann flüchte ich mich in die Gegenstände. Aber wenn ich spüre, daß ich wieder zur Sache komme, dann entferne ich mich, und sie interessieren mich nicht mehr. Dann interessiert mich überhaupt nichts mehr. Nur wenn der Verstand in den Hintergrund rückt, wenn ich nicht schreibe, bekommen die Dinge plötzlich eine Bedeutung – die man ihnen gibt, weil sie nur über die Bedeutung existieren können, die ihnen zuerkannt wird.

Kann man sagen, daß die Sprache bei Ihnen eine ontologische Rolle spielt?

Ja, ohne Zweifel.

*

Erich Böhme / Hellmuth Karasek

ICH KÖNNTE AUF DEM PAPIER JEMAND UMBRINGEN

1980

Thomas Bernhard lebt zwei Autostunden von Wien und zwei Autostunden von München entfernt in dem oberösterreichischen Dorf Ohlsdorf auf einem einsamen Gehöft – auch eine Telephonverbindung mit der Außenwelt unterhält der große Einzelgänger der zeitgenössischen Literatur nicht. Am Bochumer Theater probiert der Bernhard-erfahrene Claus Peymann mit Edith Heerdegen und Bernhard Minetti zur Zeit eine neues Bernhard-Stück mit dem hohnvollen Titel „Der Weltverbesserer", Premiere soll im September sein. Auch das nächste Stück „Über allen Gipfeln ist Ruh" wird bereits in Bochum vorbereitet. Im letzten Jahr ist Bernhard, der Obsessionen des Künstlerberufs ebenso zu seinem Thema gemacht hat wie Krankheit, Schmerzerfahrung und Verwesensschrecknisse, unter Absonderung von viel Gift und Galle aus der Deutschen Akademie für Sprache und Dichtung ausgetreten und hat den Wiener Theatern Unfähigkeit bescheinigt, Bernhard-Stücke zu spielen.

Stuttgart, 1979　　　　　　　　*Foto von Abisag Tüllmann*

Herr Bernhard, in Deutschland ist es üblich geworden, die Schriftsteller nach Ratten und Schmeißfliegen einzuteilen – sind Sie eine Ratte oder eine Schmeißfliege?

Eine Mischung aus Ratte und Schmeißfliege wahrscheinlich. In Österreich ist man noch nicht auf die Idee gekommen, Schriftsteller als Ratten und Schmeißfliegen zu bezeichnen, aber es gibt sicher auch hier Leute, welche das in Gedanken wenigstens so mit sich herumtragen.

Woran liegt das, wieso sind die Töne in Österreich noch besser?

Ob sie besser sind, das weiß ich nicht. Aber man traut sich nicht direkt, Menschen als Ratten und Schmeißfliegen zu bezeichnen ...

Obwohl Sie in Österreich sehr viel dazu getan haben, die Leute dahingehend zu provozieren.

Um allem möglichen Ungeziefer zugerechnet zu werden, da müßte ich nach Deutschland gehen oder ein Deutscher sein, vielleicht wär's dann möglich, dort noch einen Ehrentitel zu bekommen.

Was waren die Anlässe, um in Österreich beschimpft zu werden?

Schreiben allein genügte. Im Grund war das schon seit den Gedichten drinnen, daß man mich als Stinktier bezeichnet hat.

Auf der anderen Seite neigen auch Sie dazu, andere Leute im Zustand der Verwesung, der Auflösung zu sehen, sie als kaputt und krank zu schildern. Ihre Figuren können oft nicht laufen, nicht hören, nicht sehen, sie können eigentlich nur

noch raunzen und schimpfen und ihre Umwelt quälen. Sind
Ihre Helden krank zur Tarnung, damit sie vielleicht doch bes-
ser hören und sehen?

Nein, ich tarne ja meine Figuren eigentlich nicht, ich
lasse sie aus dem Käfig heraus, wie sie sind, und sie sollen hingehen, wo sie wollen. Ich habe keinen Einfluß
mehr auf diese Figuren, ich bin ja kein guter Hirte.

Die letzte Ihrer Theater-Figuren hat einen ganz merkwür-
digen Beruf, sie ist „Weltverbesserer".

Weltverbessern ist ja ein Wahnsinn, man kann die
Welt nicht verbessern.

Aber Sie probieren's trotzdem?

Ich probier' das, wenn ich aufsteh' in der Früh, die
Welt zu verbessern. Mich selbst und die Welt …

Aber am meisten graust es Ihnen vor denjenigen, die die
Macht haben?

Ich mag Macht überhaupt nicht, ich mag weder einen
einzigen, der die Macht ausübt, noch mehrere, die die
Macht ausüben.

Das Chaos mögen Sie aber auch nicht?

Das Chaos ist im Grund unmöglich in der sogenannten zivilisierten Welt, obwohl mir das Chaos an und für
sich lieber ist.

Sollen Ihre Stücke und Bücher das Chaos befördern?

Im Grund denke ich so, ja.

Und wie soll das funktionieren?

In dem Moment, wo es funktioniert, ist es ja kein
Chaos mehr.

Aber der Zweck Ihres Schreibens könnte doch Machtver-
hinderung sein.

Das Wort Zweck ist mir schon fast so zuwider wie
das Wort Macht. Der Zweck verfolgt Mittel, und dann
ist die Macht auch schon da.

Wenn man sich Ihre Helden ansieht, dann sind sie – wie
der „Präsident" – manchmal Politiker, manchmal Philo-
sophen, manchmal Künstler. Sind Künstler auch Macht-
ausübende wie Politiker?

Künstler haben manchmal genausoviel Macht wie
Politiker.

Diese Macht stört Sie genauso?

Auch diese Macht würde mich stören, wenn ich mit
der konfrontiert wäre.

Also steckt da eine Portion Selbstekel drin?

Wahrscheinlich auch. Aber nicht nur. Ich seh' das
Leben nicht nur als Ekel ... Und das Schreiben auch
nicht.

In Ihren Texten geht es um Tod, Lebensekel, Selbstmord.
Schreiben Sie, um sich nicht aufzuhängen?

Könnte sein, ja, doch.

Sie haben gesagt, daß Sie kein guter Hirte für Ihre Figuren
sind. Trotzdem haben Sie kürzlich den Wiener Theatern die
Aufführung Ihrer Stücke bis auf weiteres untersagt.

Ich habe das nicht so ernst gemeint. Aber ich überlas-
se meine Figuren nicht gerne dilettantischen Tiefschlä-
gern.

Haben Sie schlechte Erfahrungen mit dem Wiener Burg-
theater?

Ich hab' nur schlechte Erfahrungen mit dem Burgtheater, ich nehme das aber nicht sehr ernst. Ich will bloß nicht, daß die dort ein Stück von mir machen.

Ist das ein Verbot für die Wiener, Sie zu spielen?

Verbot, das klingt zu großartig.

Zurück zum Österreichischen. Sie haben nie gezögert, den Österreichern alles nur erdenklich Böse anzuhängen. In einem Beitrag zum Nationalfeiertag 1977 haben Sie geschrieben, daß Ihre Regierungen in den letzten Jahrzehnten zu jedem Verbrechen an diesem Österreich bereit gewesen wären. Die Regierungen hätten „an diesem Österreich nur jedes denkbare Verbrechen begangen, unter Ausnutzung dieses von Natur aus verschlafenen Volkes die Gemeinheit und Brutalität schließlich zu der einzigen Kunst gemacht, die sie beherrschen und die sie bewundern und in die sie tatsächlich vernarrt sind". Das ist doch ein genereller Mißtrauensantrag gegen jede österreichische Regierung.

Ja, gegen alle diese Leute, die die Macht und den Mißbrauch der Macht gewohnt sind.

Mit ähnlich heftigen Worten sind Sie aus der Deutschen Akademie für Sprache und Dichtung ausgetreten.

Bei näherer Betrachtung ist die Akademie für Sprache und Dichtung das Letzte …

Aber solange Walter Scheel nicht drin war, schien Sie das nicht zu stören? War Ihnen die Wahl von Walter Scheel in die Akademie ein willkommener Vorwand zum Austritt?

Er war mir als Erscheinung widerwärtig.

Warum?

Das ist eine schwierige Frage. Fragen sind immer korrekt, Antworten sind immer falsch, unrichtig.

War es wirklich die Person Scheel, die Sie zum Austritt bewogen hat, oder wäre Ihnen jeder andere Präsident, etwa Carstens oder Heinemann, auch recht gewesen?

Mir ist jeder recht. Und ich hätte genauso reagiert.

Bei allen dreien gleich?

Ja. Auch bei Giscard d'Estaing, auch wenn die Margaret Thatcher oder sonstwer von Staats wegen dazugekommen wär'.

Sie müssen doch vorher am Akademie-Leben teilgenommen haben, jedenfalls hat es den Anschein, wenn man Ihre boshaft genauen Schilderungen der Akademie-Tagungen liest, wo Sie die Mischung aus Eitelkeit, Senilität, Leerlauf und Spesenrittertum beschreiben.

Ich war nie dabei. Aber die Akademie spiegelt sich ja in ihren Veröffentlichungen.

Sie haben sich verbeten, daß diese Veröffentlichungen in Ihr Haus kommen.

Das kann ich nicht verhindern. Der Briefträger schmeißt's herein.

Sind Sie noch irgendwo Mitglied in einer ähnlichen Akademie?

Ich bin Krankenkassenmitglied.

Uns sonst?

Nichts mehr.

Sie sind nicht immer sehr konsequent gewesen, Sie haben doch beispielsweise Preise und Ehrungen angenommen.

Niemand kann konsequent sein, man wird sich immer wieder selbst bei einer Inkonsequenz erwischen können.

In der Dankrede haben Sie's den Preisverleihern ja schon wieder heimgezahlt. Würden Sie jemals wieder einen Preis annehmen, etwa den Nobelpreis?

Weder einen Preis noch eine Ehrung oder Auszeichnung.

In Ihrem neuen Stück schildern Sie die zwangsläufige Lächerlichkeit eines Preiszeremoniells.

Lächerlich habe ich das immer schon gefunden, als ganz Junger mit 15 oder 16. Es war ja auch bei allen Preisen, die ich bekommen hab', etwas Komisches.

Ist ein Preis nicht immer auch ein Versuch, den Künstler mundtot zu machen?

Man will ihn befriedigen, also ungefährlich machen.

Worin besteht die Gefährlichkeit des Schriftstellers? In einer kleinen Prosaskizze beschreiben Sie, wie der Autor im Theater sitzt und Leute erschießt, die in seiner Komödie an den falschen Stellen lachen. Sie selbst führen sich im Theater ja weit moderater auf, wenn Sie überhaupt hineingehen. Was ist der Unterschied zwischen dem Geschriebenen und der Wirklichkeit? Sie wissen ja, wir haben jetzt in Deutschland eine sehr skurrile Diskussion in Augsburg, weil der Filmemacher und Theaterregisseur Schroeter von einem Weißwurst-Attentat gegen Strauß phantasiert hat und sich selbst eine Totschlage-Stimmung bescheinigte – ganz ähnlich wie Ihr schießender Theaterautor.

Auch ich könnte auf dem Papier öfter jemanden umbringen. Aber eben nur auf dem Papier.

Und haben Sie Angst, daß irgend jemand das als Rezept nimmt, was auf dem Papier steht?

Das kann man nicht verhindern.

Tötet man auf dem Papier, damit man sich's in Wirklichkeit erspart?

Das kann ich nicht beantworten.

Ihr Hang zur Morbidität erweist Sie als eine Art romantischer Schriftsteller, der einen Zusammenhang zwischen Krankheit und Kunst, zwischen Wahnsinn und Kunst, zwischen Anarchie und Kunst sieht.

Ja, das trifft es schon. Das ist, glaub' ich, wie beim Träumen, das können Sie auch nicht verhindern, wohin Ihre Träume gehen, notfalls kann man Sie wecken, dann passiert das Schlimmste, aber Sie haben keinen wirklichen Einfluß darauf.

Halten Sie Kritik, die an Ihnen geübt wird, für gerechtfertigt?

Jede Kritik ist gerechtfertigt, aber ob sie trifft, das weiß man ja nicht, es kann jeder sagen, was er will, und man kann es nicht ändern, warum sollte man irgendeine Kritik ändern?

Wie sind denn Ihre Erfahrungen mit Kritiken und Zeitungen?

Zwischen grauenhaft und ganz lustig.

Was ist das Grauenhafte?

Das ist eigentlich sehr weit zurück, das ist etwa 15 Jahre zurück.

Das heißt doch, das Grauenhafte war damals da, weil Sie sich noch nicht wehren konnten.

Weil damals alles überdimensioniert war. Auch als Kind oder kleiner Junge, dann ist das alles viel größer, die Berge, die Schneehaufen. Die Winter sind kälter, die Sommer sind heißer.

Also der Thomas Bernhard ist reifer geworden, und es macht ihm Spaß, in der Zeitung zu lesen, weil er so auch nicht mehr teilzunehmen braucht.

Wenn ich eingehen würde, also wenn ich draufgehen würde, wenn ich mich nicht mehr bewegen könnte, dann würde ich es wahrscheinlich ideal finden, im Caféhaus zu sitzen bei zugezogenen Vorhängen. Aber nicht so weit zugezogen, daß man nicht mehr lesen kann. Es wäre schön, die Welt nur noch aus der Zeitung zu erfahren. Dann lese ich nur noch die Welt aus der Zeitung.

Lieber noch im Bett liegen und ein bißchen krank dabei sein?

Das wäre ein großer Genuß, glaube ich. Ein bißchen krank sein ist ja sehr schön. Und immer so bis an den Rand. Obwohl natürlich, wenn man den überschreitet und tot ist, kann es auch nur ein großer Genuß sein.

Darüber gibt's kaum verläßliche Auskünfte.

Das einzige, was ich glaube, daß eben nachher nichts mehr ist.

Wenn jemand in Ihren Büchern schreibt oder nachdenkt, dann leidet er eigentlich immer darunter, daß er sich was ausgedacht hat, und daß er jetzt von dem, was er sich ausgedacht hat, gefesselt ist, versklavt wird. Ist das Ihre Situation?

Ich glaube ja. Wenn das Buch, also das Manuskript, völlig fertig ist, dann ist die Sklaverei zu Ende. Eine neue beginnt. Nämlich die des Nichtschreibens und Nichtgefesseltseins.

76

Man hat den Eindruck, daß Ihre Stücke immer auch Wiederholungen ein und desselben Stückes sind.

Das ist wahrscheinlich ganz richtig. Weil die Prosa ja auch so ist.

Also ist das Geschriebene doch nicht so weit weg und erledigt?

Im Grunde ist es immer die eine gleiche Prosa und die eine Art, für die Bühne zu schreiben.

Aber auf einmal gibt es unter Ihren Figuren, die alle auch ein Stück von Ihnen sind, eine, die Filbinger ähnelt. Die kann doch nicht mit Ihnen verwandt sein?

Also mißverstehen Sie mich nicht. Ich habe das Gefühl, daß ich und alle anderen mit allen verwandt sind. Daß auch ein Filbinger in mir ist wie in allen anderen. Daß auch der liebe Gott in einem ist und die Nachbarin und überhaupt alles, was lebt. Man könnte sich mit allen identifizieren. Das ist die Frage, wie weit unterdrückt man und beherrscht man alle diese Millionen oder Milliarden von Möglichkeiten von Menschen, die man in sich hat?

Das ist einsehbar. Aber stört es Sie nicht, wenn man Ihre Stücke so eindeutig übersetzt und sagt, da sei in Stuttgart ein Filbinger-Stück zur Filbinger-Affäre gelaufen?

Nein, das ist Unsinn, daß jemand sagt, da ist ein Filbinger-Stück. Weil das mit Filbinger nichts zu tun hat. Nur mit einer Person, die ähnliche Züge hat.

Und jede Ähnlichkeit ist rein zufällig?

... nein, die ist natürlich nicht zufällig. Ich bin durch das Zeitunglesen schon auf diese Nazi-Fossilien gestoßen.

War das kleine Minidrama für die „Zeit", in dem eine Nazi-Familie Suppe ißt, die erste Version?

Nein, das Stück wollte ich überhaupt nicht schreiben. Der Henrichs von der „Zeit" bat mich um ein Stück. Ich hab' es geschrieben. Und ich sehe das noch hineinfallen in den Papierkorb und sage: „So, das hab' ich erledigt!" Aber dann hab' ich's wieder herausgeholt, getippt und habe es weggeschickt.

Sie haben eine Komödie über Kant geschrieben, in der ein Held namens Kant nach Amerika zu einer Augenoperation fährt. „Ich bringe Amerika die Vernunft", sagt er, „Amerika gibt mir das Augenlicht." Ist das die Formel, auf die sich Ihr Verhältnis zum Publikum bringen läßt?

Das stimmte, weil ich ja einen akuten grünen Star hatte und zu erblinden drohte. Und daher zur Operation mußte. Aber das war überhaupt nur der erste Einfall für dieses Stück.

Also doch ein Künstlerdrama?

Kein Künstlerdrama. Ein Augendrama. Das Drama vom grünen Star.

Und die Rollstuhldramen?

Das hängt zusammen. Man muß ja nicht unbedingt, wenn man einen zerschlagenen Kopf hat, über den Kopf schreiben.

Und wenn Sie das Stück Theaterleuten übergeben haben, kontrollieren Sie dann, was daraus wird?

Übergeben heißt kotzen. Und das kann echt miteinander zusammenhängen. Und hängt wahrscheinlich wirklich zusammen.

Es ist ja eher eine Mär, die Thomas Bernhard um sich verbreitet, daß er zum Beispiel nicht zu Premieren geht. Man sieht ihn doch bei Premieren, zwar versteckt, aber er guckt sich seine Stücke doch an.

Ja, das war verschieden. Manchmal hat es mich interessiert und mehr auch nicht. Ich bin auch schon davongelaufen. Die „Jagdgesellschaft" in Wien habe ich von Anfang an gesehen und vom ersten Wort an gemerkt, daß das Ganze baden geht und erledigt ist. Ich lauf' den ersten Akt hinaus und war auf der Galerie oben und habe meinen Mantel genommen bei der Garderobiere, und die hat gesagt: „Ach, gefällt es Ihnen auch nicht?"

Sie haben Schauspieler gelernt?

Ja, so sagt man wohl. Ja und nein. Ich habe heute nichts mehr damit zu tun, auch nicht mit der Musik, mit allem, was ich gelernt hatte, hatte ich später nichts zu tun.

Und Sie sind dann zufällig wieder darauf zurückgekommen? Und Sie sind auch so sehr dem Theater verfallen, daß Sie sogar einen Schauspieler gefunden haben, der für Sie eine Idealverkörperung ist. So sehr, daß Sie ein Stück nach ihm benannt haben.

Mit Minetti ist es etwa so, als hätte ich mich selbst gefunden.

Sogar das Drama über Minetti für Minetti ist das Drama eines Unglücks, eines Mißerfolgs. Berauschen Sie sich am Unglück?

Ich bin ja ein Berserker, wie soll ich sagen, ich will ja gut schreiben, ich will mich ja auch immer verbessern. Das heißt aber, ich müßte mich immer mehr vergrauslichen und immer mehr verfürchten und verfinstern im Bösen, damit ich besser werde.

Strengt Sie das an, so bös zu sein, so grauslich zu sein? Müssen Sie sich das vornehmen, sich sagen: „Jetzt will ich aber schön scheußlich sein"?

Ich glaube, ich bin von Natur aus bös, und die Anlage ist nicht anstrengend, aber die Ausführung ist schwierig.

Sie haben ja mal geschrieben, Salzburg sei die Stadt mit den meisten Selbstmorden.

Ja, das habe ich nur abgeschrieben, das ist ja amtlich festgestellt, daß dort Selbstmorde konzentriert sind.

Wie erklären Sie sich das?

Erstens einmal aus der Lage der Natur, das Eingeschachtelte in den Felsen, Salzburg ist wirklich arg feucht … Da regnet es Selbstmordtote, im Herbst, zum Schulbeginn, im Oktober ist alles voll. Aber das ist Statistik und nicht interessant.

Interessant wäre nur das Einmalige für Sie?

Für mich wäre interessant, wenn ich mich umbringen würde und mich nachher beobachten könnte.

Das geht aber leider nicht.

Daß das nicht geht, ist meine größte Enttäuschung.

Was hat der Thomas Bernhard für ein Verhältnis zu Kollegen, zu anderen Schreibenden? Fühlt er sich mit denen solidarisch?

Mit welchen? Mit Lebenden?

Mit Lebenden zunächst mal.

Ich habe mit niemandem etwas zu tun. Ich könnte mich nicht erinnern.

Weil Sie für besser halten, ein Einzelgänger zu sein?

Das ist sehr schwer zu sagen.

Also wir haben vorhin von der Akademie gesprochen. Können Sie sich vorstellen, es gäbe heute noch die Gruppe 47? Könnten Sie sich vorstellen, zu einem solchen jährlichen Schriftstellertreffen zu fahren?

Ich wäre hingefahren vor 15 Jahren noch oder vor 20, wenn man mich eingeladen hätte, damals. Ich habe da sicher den Wunsch gehabt, eingeladen zu werden, aber das war halt nicht. Im nachhinein ist es mir egal.

Jetzt würden Sie nicht mehr hingehen?

Nein, wenn es die Gruppe 44 oder 88 gäbe, nein, weil ich keine Lust habe, mit Schriftstellern zusammen zu sein.

Was stört Sie an anderen Schriftstellern? Warum haben Sie keine Lust?

Erstens stört mich, daß sie auch Schriftsteller sind.

Konkurrenzneid?

Es ist ja jeder Mensch ein Konkurrent. Innerhalb dessen, was sie machen, sind Schriftsteller natürlich noch größere Konkurrenten.

Aber gibt es denn keinen, bei dem Sie sich fast wie ein Bruder fühlen, als Zwilling oder als Kumpel?

Ich habe einen leiblichen Bruder.

Nein, von den Schriftstellern.

Ich weiß schon, ich brauche keinen Schriftsteller-Bruder, ich habe auch nie einen gehabt. Ich liebe Wittgenstein und Thomas Wolfe, das sind Sachen, die mich über Jahrzehnte brüderlich begleiten, die liebe ich innigst bis ans Lebensende und über den Tod hinaus, wie das so schön heißt. Aber Lebende? Wahrscheinlich les' ich auch zu wenig. Ich meine, ich lese ja nicht alles, was da von Südamerika kommt.

Lesen Sie alles, was aus Österreich kommt?

Nein, da würde man ja verrückt werden, dann müßte man Tag und Nacht lesen, und das kann man nur, wenn man stumpfsinnig ist.

Wenn man Sie mit anderen Österreichern manchmal vergleicht, sagen wir mal mit Handke, was sagen Sie dann dazu? Sehen Sie da Ähnlichkeiten, Gemeinsamkeiten?

Gar keine Ähnlichkeit, Handke ist ein intelligenter Bursche, und ich möchte keines seiner Bücher geschrieben haben, aber alle meine.

Das ist klar. Wie steht's mit Jandl?

Das lehne ich völlig ab. Das sind Schullehrertypen, die sich auch nie trennen können von ihrem Geschäft. Die können sich auch den Einsatz gar nicht leisten, sich in etwas einlassen.

Und andere Bühnenautoren?

Ich bin begeistert von Hochhuth, persönlich. Es ist grauenhaft, was er schreibt.

Und Botho Strauß? Sie und Botho Strauß gehören zu den meistgespielten deutschen Gegenwartsdramatikern.

Ja, Botho Strauß. Das hängt mit Peter Stein und der Schaubühne zusammen: Für mich ist, was der Stein macht, kein Theater. Das ist eine Kirche, auf der er seinen Altar baut und dann die Götterfiguren errichtet. In Kirchen gehe ich nicht. Der Strauß ist wie ein Ministrant vom Stein, und so schreibt er auch jetzt. Sehr erfrischend, sehr charmant, ich mag ihn unglaublich gern, aber ich glaube nicht, daß das in zehn Jahren noch einen interessiert, was er jetzt schreibt.

Sind Sie davon überzeugt, daß man in zehn Jahren von Ihren Stücken noch was weiß?

Ich glaube nicht, daß man sie vergessen hat. Beim Strauß liegt es, glaube ich, an der Sprache, an dem Jargon, der vorübergehend sehr, sehr schön ist, wie ein Fliederduft vor meinem Haus.

Mit anderen Worten: Sie sagen, Ihre Sprache ist für die Ewigkeit.

Für die Ewigkeit ist überhaupt nichts.

Aber für die mittlere Ewigkeit, das sind Sie, Strauß ist für die schnell vergängliche.

Ich bin für die mittlere Ewigkeit. Vielleicht. Ja.

Und andere sind schnell vergänglich?

Na ja, Vergänglichkeit ist auch etwas Schönes. Es gibt ja nichts Furchtbareres als ewig Bestehendes. Ich möchte auch gar nicht, daß alles, was mit mir zusammenhängt, überhaupt bestehen bleibt, hab' überhaupt kein Interesse daran, nur es könnte sein, daß es meinen Sachen eher widerfährt.

Also Sie finden Peter Steins Theater wie eine Kirche ...

Das ist kein Theater für mich, was der Stein macht, Samt, Seide, Purpur, das sind Kirchenrequisiten. Das ist, wie sagt man?

Sakral?

Sakral. Das hat mit Theater überhaupt nichts zu tun.

Was war denn, als Ihr „Ignorant und der Wahnsinnige" in Salzburg gespielt werden sollte und man sogar die Notbeleuchtung während der Vorstellung ausmachen sollte, weil sie die Aufführung angeblich zu stören drohte. War das auch Kirche?

Das habe ich nicht mitbekommen, weil ich nicht Zeuge dieser Sache war.

Aber das geschah doch auf Ihren Wunsch mit?

Nein, das hat sich so irgendwie ergeben bei denen, die es gemacht haben. Ich habe keinen Einfluß gehabt, nur war ich logischerweise auf der Seite derer, die dort letzten Endes betrogen worden sind.

Gehen Sie denn gern ins Theater? Und wo gehen Sie ins Theater?

Ich gehe einmal im Jahr ins Theater und dabei in mein eigenes Stück. Und das ist natürlich auch nicht mehr mein eigenes, weil es durch die Schauspieler und den Regisseur zu deren Stück gemacht worden ist, letzten Endes. Es hat zwar meinen Titel, die Personen heißen so, wie ich sie genannt habe, aber schon, was sie sprechen, ist im Grund so völlig abgehoben von dem, was sie von mir aus gesprochen hätten oder gesprochen haben.

Also ist es bereits schlechter geworden …

... das würde ich nicht sagen, es kann unter Umständen viel besser sein, aber es ist anders. Es ist anders und ist auch irgendwann eine große Enttäuschung und eine grobe Verfälschung, was bei der Prosa nicht passieren kann, denn da ist nichts mehr zu ändern. Zwar wird auch da ununterbrochen verfälscht. Ich meine: Nur der Titel bleibt zufällig derselbe.

Wie wäre es mit einem Theater, für das Sie schreiben, das Sie selbst inszenieren und bei dem Sie Ihr eigener Zuschauer sind?

Das wäre mir unendlich langweilig, und das wäre mir wirklich zum Kotzen.

Aber das wäre doch das Ideale, Sie wären nicht enttäuscht.

Vorerst wäre ich von mir mal enttäuscht.

Können Sie sich überhaupt enttäuschen?

Ich bin jeden Tag maßlos enttäuscht. Im Moment, im Augenblick immer.

Was hält Thomas Bernhard von seinem Publikum, von seinen Lesern?

Ich kenne es gar nicht und will es auch gar nicht kennen.

Da gibt es keine Ausnahmen?

Wenn das solche sind wie die, wie heißt sie, Ria Endres*, die über mich geschrieben hat, na ja, das hat auch einen Sinn, die hat ihren Doktor gemacht, die hätte das auch über einen anderen machen können, aber da war zufällig ich da.

Ria Endres hat Sie als Male-Chauvinisten, als Frauen-Verächter dargestellt. Und in der Tat sind Ihre Frauen die dummen, unterwürfigen Opfer tyrannischer Männer.

Es gibt auch in Wirklichkeit viele Frauen, die glücklich sind, wenn sie nur die Kotze von sozial Benachteiligten aufwischen dürfen. Für die Probleme von Ria Endres bin ich nicht verantwortlich. Wahrscheinlich wäre ihr geholfen, wenn sie, meinetwegen, nach Mexiko ginge und sich nackt auf einen Berg setzte. Aber es ist schön, daß sie mit mir ihren Doktor machen konnte.

Wenn Sie schon die Welt nicht verbessern, verhelfen Sie doch beispielsweise Frau Endres zum Doktortitel.

Man hilft vielen Leuten zur Beschäftigung und, wie es so schön heißt, zu Brot und Wasser. Bühnenarbeitern, Druckern, Papierfabrikanten. Es ist nicht nur so, daß alles, was man macht, in der Luft hängt.

Wir haben jetzt also herausgekriegt, Sie schreiben, weil Sie schreiben müssen, aber schreiben eigentlich für niemand.

Muß – müssen – man muß gar nichts, doch, ich muß essen, trinken, und man muß das Essen und Trinken einfach wieder verschwinden lassen, das muß man, alles andere muß man nicht, wahrscheinlich muß man überhaupt nichts, aber es ist eine Vorliebe, eine Leidenschaft, würde ich sagen, man könnte sie auch abbrechen.

Sie haben gesagt, Sie stehen unter Druck, solange Sie schreiben, bis Sie fertig sind. Und wenn Sie fertig sind, stehen Sie unter Druck, weil Sie nicht unter Druck stehen.

Der Schriftsteller steht natürlich immer unter Druck, was ja mit Drucken und Druckern zusammenhängt – aber das war jetzt auch wieder kokett.

Können Sie von Ihrem Schreiben leben, gut leben?

Also, ich lebe so, wie ich will.

Und haben Sie damit rechnen können, als Sie anfingen zu schreiben?

Nein, ich habe mit nichts gerechnet. Ich war sehr berechnend, aber ich habe mit nichts gerechnet.

Der Erfolg, befriedigt er die Eitelkeit oder befriedigt er sie nicht? Gehört Erfolg dazu zum Schriftstellerleben, braucht man das?

Wenn man Erfolg hat, soll man nicht fragen, was das ist. Also auch einen, der keinen hat, soll man das auch nicht fragen.

Kann man Sie fragen, ob es Ihnen Spaß macht, Erfolg zu haben?

Mir macht es großen Spaß. Mißerfolg find' ich scheußlich, obgleich der Mißerfolg nützlicher ist als der Erfolg.

Also der Erfolg macht Spaß, aber einen Preis wollen Sie nicht haben. Ist das logisch?

Der Preis hat mit Erfolg bei mir nichts zu tun, das sehe ich nicht als Erfolg an, daß irgendwelche Leute irgendwo aus irgendeinem Grund aus Berechnung irgend so was ausschlachten, indem sie einen Preis geben, wo ist da der Erfolg?

Wie messen Sie denn den Erfolg?

Erfolg wäre, wenn ich mein Manuskript einem Verleger schicke und der nicht lang fragt; er setzt es, druckt es, das finde ich eigentlich schon den ganzen Erfolg.

Also Publizieren würde Ihnen wirklich genügen, das wäre egal, ob das 200 oder 200.000 Exemplare sein würden?

Es würde mir genügen, möglichst korrekt mit möglichst wenig Druckfehlern, möglichst einfach, ohne graphische Kinkerlitzchen gedruckt zu werden. Und daß ich leben kann. Alles andere brauch' ich nicht. Das ist mir eher immer grauslich, was nachher kommt.

Herr Bernhard, wir danken Ihnen für dieses Gespräch.

*

* *Ria Endres: „Am Ende angekommen. Dargestellt am wahnhaften Dunkel der Männerporträts des Thomas Bernhard". Collection S. Fischer.*

Breitenschützing (OÖ), 1977   *Foto von Franz Josef Altenburg*

Niklas Frank

ANSICHTEN EINES UNVERBESSERLICHEN
WELTVERBESSERERS

1982

*In drei Büchern hat Thomas Bernhard mit seiner Jugend in
Salzburg abgerechnet – voller Trauer, böse, verletzt. In seinem
neuesten Werk – „Die Kälte" – beschreibt der österreichische
Dramatiker, was er nach dem Krieg als Lungenkranker in
Sanatorien und Krankenhäusern erlebte. STERN-Redakteur
Niklas Frank sprach mit dem 50jährigen auf seinem Hof in
Oberösterreich. Hier lesen Sie im O-Ton, was Bernhard über
Schreiben und Leben, über Politik und Zukunft sagte.*

———

Das is' nix Ausg'fallenes, die Selbstmord' in Salzburg. Das is' im Jahr sicher 50 mal mindestens. Ich seh
das Fleisch immer noch vor mir, von dene Selbstmörder,
wenn dann diese dünnen Knochen oben noch so durch-
schau'n. Das sind 60 Meter Fallhöhe vom Mönchsberg.
Wenn Sie da so 70 Kilo Fleisch hinunterschmeißen,
dann is' ja nix ander's. Und ein Haarbüschel hat dann
auch noch irgendwo rausg'schaut.

*

Salzburg ist halt ein Nest, ein sehr schönes, aber die Innereien, die sind halt wirklich scheußlich. Wenn ma da aufg'wachsen is', das laßt einen nicht aus.

*

Haben S' an Durscht? Ich mein', ich hab' eh nix da.

*

„Kälte", find' ich, ist wirklich ein gutes Buch. Ich hab' das neulich mal von A bis Z durchg'lesen, das sitzt. Trotzdem denk' ich mir immer, wieviel grauslicher und scheußlicher das damals in der Lungenheilanstalt war, das könnt' man aber nie schreiben. – Ist Ihnen aufg'fallen: In der „Kälte" kommt kein einziger Arztname vor. Denn die Anstalt hieß Grafenhof. Der Primar hat Edelmüller g'heißen, der Assistent Prinz und der Assistenzarzt Graf. Das kannst' nicht schreiben. Das Buch wär' vollkommen hin g'wesen. Da mußt' wie ein Komponist haushalten, damit's noch eine Wirkung hat. Das ist ja die Kunst.

*

So grauslig das Beschriebene is', so ist's ein Genuß, das zu schreiben. Wenn's einem gelingt.

*

Ich hab' mich in meinem Leben nicht freig'schrieben. Dann wär' ja nix mehr drin. Weil, was mach' ich mit der Freiheit dann? Ich bin überhaupt nicht für Befreiung. Der Friedhof, vielleicht ist es das. Aber da glaub' ich auch nicht dran, weil dann gar nix mehr is'.

*

Ich brauch' überhaupt nix erfinden. Die Wirklichkeit ist viel scheußlicher. Weil ich ja hier im Dorf mit den Leuten umgeh' und weiß, was sie ausstehen, wenn sie schlafen, was sie essen, wann sie den Krebs kriegen. Hier hat's die vielen Papierfabriken, hier hat's drum die vielen Krüppel wegen der Maschinen, die ihnen Finger, Arme abreißen, oder Ohrwaschln. Die Maschinen schneiden ja alles ab von denen im Lauf der Zeit. Oder man fährt Moped über's Bahngleis. Und dann hat man kein Bein mehr. Wie mein Vorgänger hier auf'm Hof. Der war Schichtarbeiter. Und ich hab' hier mit Holzbeinen eing'heizt. Der hat einen großen Verschleiß g'habt.

*

Dreizehn Jahr hab' ich Ruh g'habt. Vor drei Wochen ist's wieder aufgetaucht, die G'schwulst in meiner Lunge. Es war grad noch Stadium zwei. Da gibt's noch a drittes Stadium. Wenn's das g'wesen wär, wär's aus g'wesen. Da wär' dann die ganze Lunge z'ammg'fallen, und das ist dann tot. In den ersten zwei Wochen hab' ich wieder a schwere Cortisonbehandlung g'habt. Da glaubt ma, ma explodiert. Das wühlt inwendig. Aber seit einer Woch', da geh'n wir langsam herunter in den Einheiten. Jetzt will ich g'sund werden.

*

's Volk verachten wär ja blöd. Aber in acht nehmen muß man sich, weil ja's Volk genauso auf einen losgeht, weil man ja nicht so ist wie sie: „Der geht nur spazieren!? Der g'hört weggeputzt!" Aber *im* Volk sein, das is' a ewige Sehnsucht. Und die sogenannten einfachen Leut' verstehen meine Sachen immer besser als die anderen.

*

Wenn S' verdurschten, müssen Sie's sagen, dann hol ich a Wasser.

*

Shakespeare, Dostojewski, Tolstoi, Proust, das kann ich ja nicht. Die sind ja alle großartig. Ein Firmament. Aber man brodelt halt noch. Das ist ja eine Suppe, die nicht gargekocht ist. Man taucht und rührt und rührt. Ich hab' das Gefühl, daß es was wert ist, was ich mach', sonst könnt' ich's ja nicht machen.

*

Jetzt is' der Kreisky ein blindwütiger alter Narr, der um sich herumschlagt, alle Leut' beleidigt, plump ist, mit einem fetten Bauch. Drei, vier feiste Männer, die da sitzen, mit solchen Schweinsköpfen, vollkommen verfettet, die das halt alles hier in Österreich verwalten und verschustern. In Deutschland ist's ähnlich. Nur sind die dort nicht so feist, a bisserl schlanker, aber die Potenz ist die gleiche. Helmut Schmidt, des is' ja auch nix, so ein Seemann-ahoi-Mensch, der kann nur vom untergehenden Schiff sein Liederl singen.

*

Man muß veröffentlichen, damit das einfach erledigt ist. Man muß sonst alles vernichten und einheizen. So wie mei' Mutter die einzige Fotografie von mei'm Vater aus Wut eing'heizt hat, hab' ich halt ganze Romane eing'heizt. War auch nie schad.

92

*

Der Hof da war eine Ruine. Völlig verrottet und kaputt. Das hat mir g'fallen. Und da hab' ich g'sagt, das richt' ich jetzt instand. Ferdl hat er g'heißen, mit dem zusammen hab' ich's g'macht. Ein alter kleiner Mann. Vorgestern haben s' ihn eing'graben. Das war mein teuerster Gefährte. Ein' Magenkrebs hat er ,kriegt. Zwei Jahr lang hat er immer g'sagt: „Da is' was in mir drin, wie wann mi' was beissert." Schreibst'n auf. Das war mein erster Gedanke, wie er g'storben is'. Schreibst a Buch, das heißt „Ferdl".

*

Der Mensch will's nicht wahrhaben, daß Natur etwas viel Großartigeres ist als ein Herzschlag. Und a Blumenwiesen, das ist eine so ungeheuer elementare Sache, daß es einem natürlich die Kehle zuschnür'n muß, wenn man dran denkt. Aber es wird alles weg sein, bis auf ein paar kretinhafte Gestalten. Dann kommt vielleicht wirklich was Neu's.

*

Ich wechsel ja immer ab, nach der Prosa muß a Theaterstück her, damit das wieder frisch kommen kann. Der große Reiz beim Theater, das sind die Menschen, mit denen man z'tun hat. Bei der Prosa, da sitzn'S allein. Dann schicken'S das dem Verlag, der gibt a bläde Antwort, dann hören'S nix mehr, dann kommt ein scheußlich gedrucktes Buch mit lauter Fehlern, die Sie mühselig ,rauskorrigiert hatten, die sind alle wieder drin, dann kommt lang nix, dann kommen die grausligen Kritiken, und außerdem verdienen'S fast nix. Dagegen beim Theater, da hat ma sei' Hetz. Aber nach a paar Wochen geht's mir dann so auf die Nerven plötzlich, diese scheußlichen Schauspieler, die alle im Grund' furchtbar sind. Da bin ich heilfroh, daß in der Zeit sich wieder so eine Prosa aufbaut. Dann halt ich's auch wieder monatelang allein aus.

*

Wollen'S einen Schluck Schnaps? Die Früchte sind vom Hof hier. Brennen tut ihn mir der Nachbar.

*

Bücher werden'S bei mir kaum finden. Ich kenn' niemand, der so wenig liest wie ich. Dabei geh' ich nur mit Leuten, die wenig lesen. Bücher sind sowieso was Unheimliches, Halszuschnürendes.

*

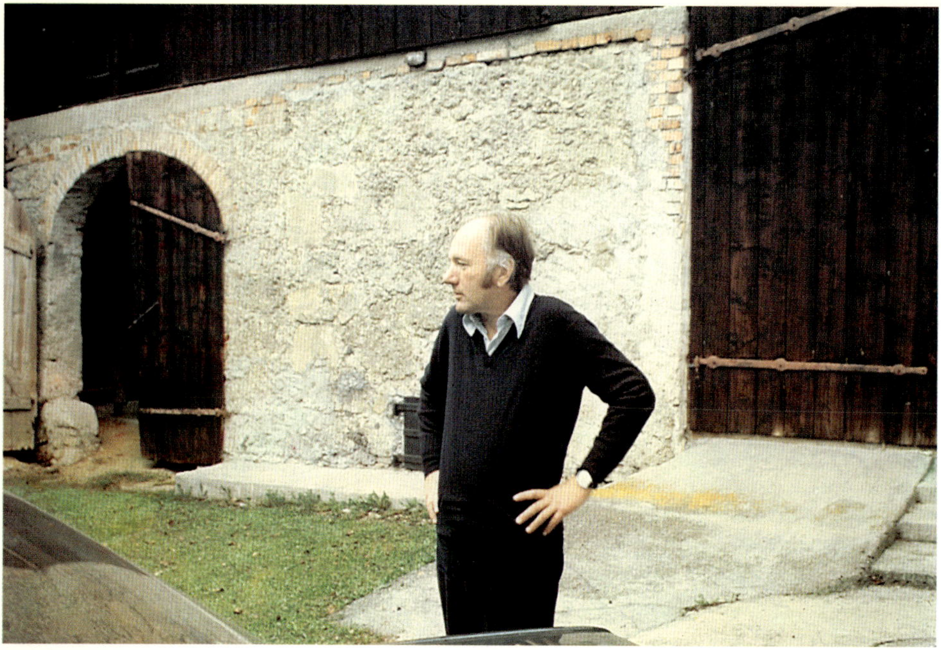

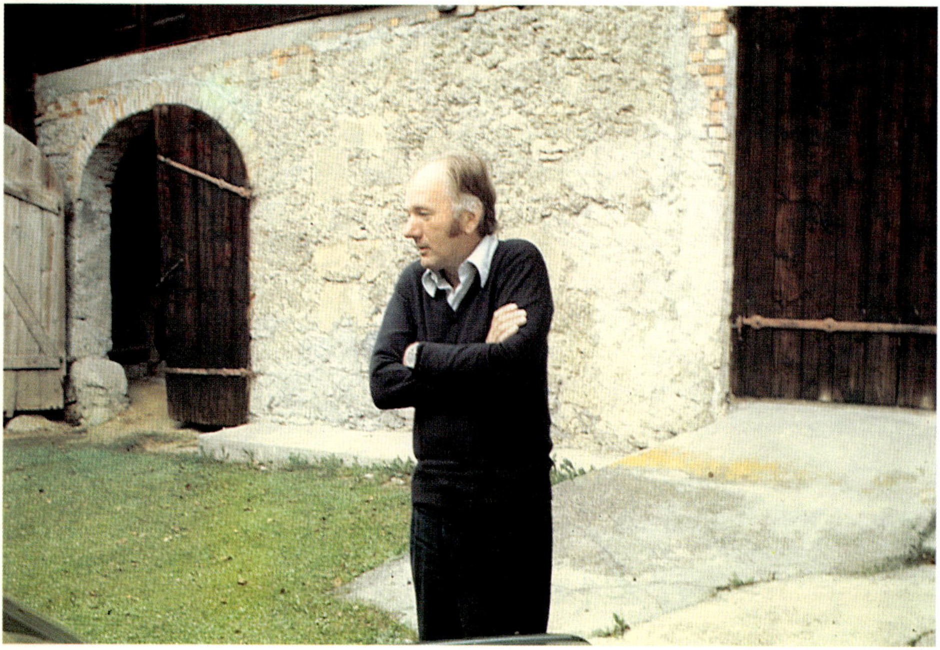

Ohlsdorf (OÖ), 1981   *Fotos von Sepp Dreissinger*

Rita Cirio

A USTRIACUS INFELIX

1982

Ohlsdorf (Österreich). Man fährt durch diese
Landschaft, die nur aus Wäldern, Seen und Kühen zu
bestehen scheint, eine Landschaft, die man dann in der
Residenz-Galerie in Salzburg in den romantischen
Bildern von Friedrich Philipp Reinhold, Friedrich
Gauermann, Ferdinand Georg Waldmüller, Albert
Schindler, Johann Fischbach und Thomas Ender wie-
derfindet. Und selbst die von Klimt gemalte Landschaft
ist uns bekannt und wirkt vertraut. Lediglich Ohlsdorf
in Oberösterreich, Bernhards Wahlheimat seit 1966,
scheint mit seinen stinkenden und die Umwelt ver-
schmutzenden Papierfabriken keine passenden Bild-
und Ansichtskartenmotive abzugeben.

„Doktor Bernhard wohnt dort in jener Häusergruppe
am Waldrand. Sein Haus hat als einziges schwarze
Jalousien." Es ist auch das schönste Haus weit und
breit, ein fachkundig restaurierter Vierkanthof aus dem
15. Jahrhundert mit alten Steinmauern; und die schwarz

bemalten Fensterrahmen, die sich vom alten Stein und den weißen Mauern abheben, ergeben ein beinahe graphisches Bild. Trotz der herumliegenden Strohballen läßt sich das Haus sofort als das eines Intellektuellen erkennen. Auch Bernhard ist schwerlich mit seinen Nachbarn zu verwechseln, trägt er doch in farblicher Übereinstimmung mit Haus und Wald schwarze Hosen, englische Schuhe, einen mattgrünen Kaschmirpullover und einen schwarzgrün karierten Seidenschal; man könnte meinen, man habe John Gielgud vor sich.

Der Leiter des Suhrkamp-Verlages hatte uns geradezu vom Versuch einer Annäherung an diesen einsiedlerischen und unzugänglichen „Alpen-Beckett" abgeraten, der nur per Telegramm verkehrt und jedes Interview verweigert. Bernhard hingegen verbeugt sich in der Andeutung eines Handkusses, fast schon die Hakken zusammenschlagend, läßt sich ohne weiteres eine Stunde lang photographieren, kocht Tee und zeigt uns das Haus – „ …ich habe es mit dem Geld eines Literaturpreises gekauft und bin meinem Nachbarn zuvorgekommen, der mich nun seit 15 Jahren nicht mehr grüßt …" –, ein blitzblankes, helles Haus, mit wertvollen alten Möbeln, großen Kachelöfen und glänzenden Parkettböden, doch nirgendwo findet sich ein Buch; wer weiß, wo er sie versteckt hält. „Wenn hier Schnee liegt, sieht man 8 Wochen lang keine Menschenseele, da glaubst du, alle seien tot." Er lacht oft, vor allem wenn er makabre Anekdoten erzählt.

„Ich bin von Wien fortgegangen, weil es mir zu voll war. Und außerdem waren alle meine Freunde tot. Der letzte, der Schriftsteller Gerhard Fritsch, hat sich während eines Abendessens unter Freunden in seinem Haus für kurze Zeit entschuldigt. Wir haben ihn dann in einem anderen Zimmer gefunden. Erhängt. Er hatte sich als Frau verkleidet und trug die Kleider seiner Gattin. Er hatte sich die typisch österreichische Tracht ausgesucht, die mit dem ausgeschnittenen Mieder." Besonders gern erinnert er sich an die Katastrophen und Mißgeschicke der Schauspielerinnen bei der Aufführung seines ersten Textes; eine habe noch vor der Premiere einen Herzinfarkt erlitten, der Ersatz habe sich die Beine gebrochen und auf Krücken spielen müssen.

Nach Ohlsdorf ist Bernhard nicht zuletzt wegen der guten Luft gezogen, „… ich bin krank, habe Tuberkulose und werde bald sterben. Ich habe meine Autobiographie geschrieben, bevor es irgendein anderer hinterher tut und Lügen verbreitet; ich habe nur so zum Spaß angefangen, dabei sind ganze 4 Bände herausgekommen."

Im Dorf hat er sich bestens eingelebt; in dem urigen Wirtshaus, in dem große und überaus offenherzige Fischer verkehren, Fischer von 5 Kilo schweren Hechten und Forellen, nennen sie ihn „Doktor" und „Professor" als wäre er einer von ihnen. Dann setzt sich ein Arbeiter aus der Papierfabrik an unseren Tisch, mit Kennerblick betrachtet er Bernhards letztes Buch „Beton", prüft und befühlt die Qualität des Papiers. Unter dem gefälligen Blick des Autors zählt er die Arbeitsunfälle in der Papierfabrik auf: Der eine habe einen Arm verloren, der andere eine Hand, wieder ein anderer den Daumen.

Bernhard erzählt, er würde hie und da mit den Einheimischen ein Gulasch essen „ ...ich betrinke mich, und wenn ich heimkomme, lande ich mit meinem Mercedes auf dem Misthaufen. Dann kotze ich."

Das Gespräch wird nun – unter dem gefälligen Blick des Arbeiters – auf eine scharfe Polemik zwischen Literaten gelenkt. Bernhard hat letztes Jahr nach dem Erhalt des Bremer Literaturpreises und seiner Aufnahme in die Jury Canetti als Kandidaten vorgeschlagen, aber die Jury wendete ein: „Nein, schon wieder ein Jude!?!" Der undankbare Canetti hat schließlich bei der Verleihung des Ehrendoktorates in München Bernhards Werk eines zu negativen Weltbildes beschuldigt. Als Antwort darauf hat unser Autor den Verfasser der „Blendung" einen „Kleinschopenhauer" betitelt. Von den italienischen Autoren kennt er nur Pavese wirklich gut. Und von einer Romreise ist ihm das Bett, in dem er untergebracht werden sollte, in Erinnerung geblieben: „Stellen Sie sich vor, man sagte mir, daß sich in diesem Bett der Prager Schriftsteller Johannes Urzidil zu Tode geröchelt habe. Ich bin davongerannt." Er ist fast immer unterwegs, in Schweden, Jugoslawien, Palma de Mallorca.

Und wie steht es mit dem „Felix Austria", das den Italienern eine realisierte Utopie zu sein scheint? „Es ist ein großer Irrtum zu glauben, daß es so sei. Hier versucht man alles zu verstecken. Dieselben Skandale und Machenschaften, die in Italien herauskommen, werden hier vertuscht. In Österreich ist alles gleich: Wenn man den Leuten den Kopf abschlagen würde und sagen würde, das sei von oben verordnet worden, keiner würde davon etwas merken." Dann ist also wahr, was Sie geschrieben haben: „Unser Volk ist ein Volk ohne Vision, ohne Inspiration, ohne Charakter. Intelligenz, Phantasie sind ihm keine Begriffe." – „Das sind alles Qualitäten, die schon tot sind. Nach dem Ende der Monarchie hat der österreichische Geist, der lange unterdrückt war, aufgelebt, aber nur für kurze Zeit. Im Unterschied zu den Franzosen, den Italienern, den Polen oder den Slowenen hat unser Volk jedes Interesse an intellektuellen Aktivitäten verloren. Die Gegenwart irgendeines Autors ist irrelevant. Der Verstand der Österreicher ist seit Jahrhunderten von der Musik umnebelt; er ist es nicht gewohnt, sich in Worten auszudrücken, ist nicht imstande, wichtige Begriffe zu erfassen. Die Habsburger waren Musik-Mäzene zum Nachteil der Hirntätigkeit. Denn das Denken zu erlauben kann gefährlich sein. In Österreich haben sich nur Mönche und alte Barone um die Dichtung gekümmert. Es hat nie eine Dichtung gegeben. Wer versucht hat, seine Gedanken in der Dichtung auszudrücken, ist im Gefängnis gelandet. Die einzige Glanzzeit, die einzige intellektuelle Überlegenheit über Deutschland hat es um die Jahrhundertwende gegeben, aber die ist zu Ende gegangen, erstickt vom Nationalsozialismus und der Flucht der jüdischen Intellektuellen, die dann im Ausland geblieben sind."

So sind die heutigen österreichischen Intellektuellen also Überlebende? „Sie sind vielmehr Kleinbürger wie die alten Barone von damals." Auch die politisch engagierten Autoren der späten 60er Jahre wie Gernot Wolfgruber und Franz Innerhofer? „Die haben es nicht geschafft durchzuhalten. Damit das einen Sinn gehabt hätte, hätten sie mindestens 20 oder 30 Jahre auf ihren Ideen beharren müssen. Doch kaum werden sie beachtet, glauben sie schon Genies zu sein, erscheinen im Fernsehen, und nach kurzer Zeit vergessen sie ihre revolutionären Ideen." Einige Kritiker haben vom Einfluß Wittgensteins auf ihr Werk gesprochen: „Ich habe nur den ,Tractatus' gelesen. Wenn man unbedingt gemeinsame Punkte finden will, die gibt es nur in der ,Korrektur', der Geschichte eines Architekten, der für seine Schwester ein Haus entwirft, so wie Wittgenstein es gemacht hat. Und dann, auch ich habe in England gelebt wie er. Das ist alles. Oder besser, um die Wahrheit zu sagen, das letzte Buch, das ich geschrieben habe, ist ,Wittgensteins Neffe', eine Biographie über diesen Neffen, den ich in Wien kennengelernt habe. Er ist als Wahnsinniger vor ein paar Jahren zugrunde gegangen."

Bernhard hat während dieser Begegnung nur ein einziges Mal etwas einzuwenden, und zwar als ihn der Photograph fragt, ob er sich beim Schreiben in seinem Arbeitszimmer photographieren lassen würde: „Mein Arbeitszimmer ist überall, ich schreibe immer mit der Maschine. Schreiben ist für mich immer schwierig, aber es ist auch eine Notwendigkeit, so wie der Schuster das Bedürfnis hat, immer neue Schuhe zu erzeugen. Gewiß sind die maschinell produzierten Schuhe perfekter als die, die der Handwerker zusammennäht, die immer kleine Mängel haben. Wahrscheinlich wird es mit der Literatur auch so sein ..."

Und im Gespräch darüber, daß es unmöglich sei, seine Syntax und seine sprachliche Virtuosität in der Übersetzung wiederzugeben – „Das Übersetzte ist immer ekelerregend", sagt der Protagonist in seinem Theaterstück „Der Weltverbesserer" –, wird seine Poetik deutlich: „Wichtiger ist, wie man schreibt, nicht was. Das Problem liegt nicht so sehr in der Übersetzung als vielmehr in der Tatsache, daß man, auch wenn man in der eigenen Sprache gelesen wird, mißverstanden wird. Es gibt so viele Interpretationen wie es Menschen gibt, die ein Buch lesen. Zwei verschiedene Leser, das ist, als würden sie zwei verschiedene Bücher lesen. Es sind 10.000 Stück von ‚Beton' verkauft worden, also gibt es auch 10.000 Leser, jeden mit seinem ‚Beton'."

Und wie ist es mit dem Theater, wo sich zwischen dem, der schreibt, und dem, der liest, ein weiterer Filter dazwischenschiebt, nämlich Schauspieler und Regisseur? „Die Schauspieler und der Regisseur machen aus dem Text, was sie wollen. Das Produkt, das dem Zuschauer vorgesetzt wird, ist immer anders als das Ausgangsprodukt, zumindest anders als das, was der Autor im Kopf hatte. Ich habe meine Texte immer den besten Schauspielern anvertraut, ich habe sogar versucht zu wählen, wer meine Figuren spielen sollte, aber nicht deswegen habe ich mich dann in ihren Interpretationen wiedererkannt. Die Schauspieler werden auf der Bühne immer perfekter und immer unerträglicher im Leben. Ich wollte selbst als Bub Schauspieler werden – ich habe auch ein Diplom dafür bekommen – wohl vor allem deswegen, weil der Besuch der Schauspielschule die einzige Gelegenheit war, mit meinen Altersgenossen zusammen zu sein, und zwar mit den intelligenteren, nicht den blöden wie die Musikstudenten." Unter den Regisseuren, welcher hat Sie am wenigsten mißverstanden? „Claus Peymann, er ist der einzige, der ins Schwarze getroffen hat."

Jemand hat Sie mit Beckett verglichen, Sie wären der „Beckett der Alpen". „Für mich ist Beckett seit 10 Jahren tot, er schickt nur kurze Botschaften aus dem Jenseits." Und Brecht? „Auch Brecht ist kein großer Dramaturg, auch wenn Strehler ihn liebt. Er hat seine Zeit gehabt; er hat sein Bestes in den 30er Jahren gegeben. Seine Figuren sind verstaubte Marionetten. Er ist ein Goldoni aus Holz." Und Pirandello? „Pirandello ist viel besser." Und Genet? „Den habe ich immer geliebt. Mit 20 bin ich ihm einmal begegnet, als ich durch die Straßen Wiens spazierte. Keiner hat jemals einen Einfluß Genets auf mein Werk vermutet, aber ‚Les Bonnes', ein wunderschöner Text, hat mich direkt zur ersten Version meines ersten Theaterstückes ‚Ein Fest für Boris' angeregt, das in seiner ersten Fassung mit ‚Die erfundene Herrin' betitelt war und von einem Diener erzählte, der sich das Verhalten seiner Herrin vorstellt." Und welchen Theaterautor bevorzugen Sie unter den Klassikern? „Kleist. Der gefällt mir besser als Brecht. Brecht ist im Vergleich zu ihm ein Zwerg. Auch wenn mir Brecht als Mensch sehr sympathisch war."

Wenn Bernhard, ähnlich wie Pierre Menard, eine Figur Borges', der den „Don Quichotte" direkt übernommen hat, einen Klassiker des Theaters neu schrei-

ben müßte, welche würde er wählen? „,Den zerbroche-
nen Krug' von Kleist, da zögere ich keinen Moment. Er
ist einer meiner liebsten Texte, er war auch Thema einer
meiner Prüfungsarbeiten. Von da an habe ich nie aufgehört, ihn zu lieben." Welchen Roman? „,Ein Held unserer Zeit' von Lermontow." Welches Gedicht? „,Der
Panther' von Rilke".

In Ohlsdorf wird es früh dunkel. „Um diese Zeit
riecht man wieder den Gestank der Papierfabrik",
bemerkt unser Gast. Bevor er in seinen grünen
Mercedes steigt und in die Nacht verschwindet, grüßt
er, wiederum die Hacken zusammenschlagend. „Ich bin
nicht unmöglich gewesen, oder?"

Jean-Louis de Rambures

Alle Menschen sind Monster, sobald sie ihren Panzer lüften

1983

Um Thomas Bernhard ein erstes Mal treffen zu können, mußte ich ein Jahr lang verhandeln. Sein deutscher Verleger wiederholte mir immer wieder, daß dies ein praktisch unmögliches Unterfangen sei. Zudem habe er noch nie einem französischen Journalisten ein Interview gegeben.

Und dann hat eines schönen Tages mein Telefon geklingelt: „Thomas Bernhard erwartet Sie. Verlieren Sie keine Zeit, denn er kann jeden Augenblick seine Meinung ändern."

Mein Herz schlug heftig, als ich sein Haus, einen großen Vierkanthof, halb Kloster, halb Gefängnis mitten in den Salzburger Voralpen, erreichte. Hatte er nicht einmal seinen Verleger einen ganzen Vormittag lang mit den Fahnen unterm Arm warten lassen? Thomas Bernhard stand auf der Schwelle und lachte: „Geben Sie zu, daß ich Sie erschreckt habe!"

Das Interview wurde sehr aufregend. Thomas Bernhard sprach wie er schrieb. Als der Artikel in „Le Monde" erschien, erwartete ich keine Reaktion von seiner Seite. Ich

104

Ohlsdorf (OÖ), 1981   *Foto von Sepp Dreissinger*

hatte geschrieben, daß er auf Briefe nie reagiere. Umso größer war meine Überraschung, als ich in meinem Briefkasten herzliche Zeilen vorfand. „Ich kann nicht glauben, daß ich all das gesagt habe, was Sie geschrieben haben", schrieb Thomas Bernhard, „aber ich kann auch nicht beschwören, daß diese Sätze nicht von mir sind ..."

Gewisse Leute behaupten, ich lebe in einem Elfenbeinturm. Allein schon das Wort ist heutzutage eine Dummheit. Mit einem einfachen Transistor können Sie gleichzeitig mitten im ewigen Schnee und mitten in der Gesellschaft sein. Anonymität findet man heute nicht mehr auf dem Land, sondern in den Großstädten. Die Felder sind Stadtteilen, die Sonnenblumen sind Straßen gewichen. Außerdem: Die Städte sind heute, was früher das Land war, Orte, an denen nie etwas passiert und das Leben, sofern es noch existiert und Sie nicht gerade professioneller Meinungsforscher sind, völlig unsichtbar geworden ist. Als ich mich nach Wanderjahren entschied, mich auf dem Land niederzulassen, war das auf Anraten meines Arztes. „Wenn Sie Ihr Leben nicht ändern", hatte er mir gedroht, „gehen Sie kaputt." Obwohl mich das Wort „kaputt" fasziniert hat, habe ich mich für die Ruhe entschieden. Aber es hat nicht lang gedauert, und ich erkannte den Irrtum. Auf dem Land kennt jeder jeden und man ist jeden Tag, ob man will oder nicht, mit dem Schicksal konfrontiert, in Gestalt von Geburten und Sterbefällen. Hier gibt es viel Industrie, und man stößt bei jedem Schritt auf Opfer,

Maschinenkrüppel. Gewiß, ein sehr anregendes Gebiet für einen Schriftsteller.

Wieso sind Sie so allergisch gegen Interviews?

Versuchen Sie sich vorzustellen, Sie wären an Händen und Füßen an einen Baum gefesselt, und man schießt mit einem Maschinengewehr auf Sie. Glauben Sie, Sie wären dabei entspannt?

Ich gehe vom Grundsatz aus, daß ein Gespräch zwischen Leuten, die sich nicht kennen, unmöglich ist. Daß Leute, die sich ständig sehen, Ansichten austauschen können, will ich gern zugeben. Sagen wir, ein Ehepaar über ein Küchenrezept. Aber jede andere Form des Gesprächs hat für mich etwas Überzogenes, Verkrampftes. Umso stärker, wenn es sich um Menschen handelt, die sich zum ersten Mal sehen. Das ist ein bißchen wie mit einem Orchester, das mit den Proben anfängt. Es braucht Monate, bis es den richtigen Ton findet. Und wenn man sich dann endlich versteht, wird das Gespräch wieder unnütz. Nicht, weil man sich nichts mehr zu sagen hat, man hat sich immer etwas zu sagen. Sondern einfach, weil die Sprache überflüssig geworden ist. Sie ist dazu da, um das Verständnis zwischen den Menschen möglich zu machen. Mit anderen Worten, sie ist für jene bestimmt, die diesen Zustand noch nicht erreicht haben.

Irgendwie muß man Ihnen recht geben. Ihre Überlegung ist geradezu erschreckend logisch.

Irgendwie hat jedermann recht. Das ist das Drama. Ich mag den Ausdruck „irgendwie" überhaupt nicht, er gibt einem eine trügerische Sicherheit. Mit dieser kleinen Wendung steigen Sie in eine Gletscherspalte und glauben, damit wieder herauszukommen wie durch den Notausgang eines Kinos, nur aber: Gletscherspalten haben es gerade an sich, daß man nicht mehr herauskommt.

Kommen wir zu Ihren Büchern. Warum haben Sie seit 1975 den Roman zugunsten der Autobiographie zurückgestellt?

Ich habe nie einen Roman geschrieben, sondern einfach mehr oder weniger lange Prosatexte, und ich werde mich hüten, sie als Romane zu bezeichnen, ich weiß nicht, was das Wort bedeutet. Ich habe auch nie ein autobiographisches Werk schreiben wollen, ich habe eine echte Abneigung gegen alles, was autobiographisch ist. Tatsache ist, daß ich in einem gewissen Moment meines Lebens Neugier auf meine Kindheit bekam. Ich habe mir gesagt: „Ich habe nicht mehr so lange zu leben. Wieso nicht versuchen, mein Leben bis zum Alter von neunzehn aufzuschreiben. Nicht so, wie es in Wirklichkeit war – Objektivität gibt es nicht –, sondern so, wie ich es heute sehe."

Ich habe mich mit der Vorstellung an die Arbeit gemacht, ein kleines Bändchen zu schreiben. Ein zweites entstand. Dann noch eins ... bis zu dem Punkt, wo ich begonnen habe, mich zu langweilen. Die Kindheit ist schließlich immer die Kindheit. Nach dem fünften Band habe ich mich entschlossen, einen Schlußstrich zu ziehen. Bei jedem meiner Bücher bin ich zwischen Leidenschaft und Haß gegenüber dem Sujet, das ich gewählt habe, hin und her gerissen.

Jedesmal wenn das zweite Gefühl die Oberhand gewinnt, beschließe ich, die geistigen Dinge endgültig zu lassen und mich im Gegensatz dazu rein materiellen Aufgaben zu widmen, zum Beispiel Holz zu hacken oder eine Mauer zu verputzen, um so die Heiterkeit wiederzufinden. Mein Traum wäre, daß die Mauer nie endet und auch meine Heiterkeit nicht. Aber nach einem mehr oder weniger langen Zeitraum fange ich wieder an, mich für meine Unproduktivität zu hassen, und flüchte mich aus Verzweiflung über den Anlaß einmal mehr ins Gehirn.

Manchmal sage ich mir, meine Unstabilität ist ein Erbteil meiner Vorfahren, die sehr verschiedenartig waren: Es gab darunter Bauern, Philosophen, Arbeiter, Schriftsteller, Genies und Schwachsinnige, mittelmäßige Kleinbürger und sogar Kriminelle. Alle diese Menschen existieren in mir und hören nicht auf, sich zu bekämpfen. Mal habe ich Lust, mich unter den Schutz des Gänsehirten, mal des Diebes oder Mörders zu stellen. Da man wählen muß und jede Wahl eine Ausschließung bedeutet, treibt mich dieser Reigen schließlich bis kurz vor den Wahnsinn. Daß ich mich beim morgendlichen Rasieren vor dem Spiegel noch nicht umgebracht habe, ist einzig und allein meine Feigheit.

Feigheit, Eitelkeit und Neugier sind im Grunde die drei wesentlichen Antriebe, denen das Leben seine Fortsetzung verdankt, obwohl alle erdenklichen Gründe gegen es sprechen. Zumindest empfinde ich das heute so. Denn es kann gut sein, daß ich morgen ganz anders denke.

In jedem Ihrer Bücher wiederholen Sie, daß jedes menschliche Tun sinnlos ist, da es schließlich dazu verurteilt ist, unterzugehen. Und dennoch schreiben Sie weiter.

Was mich zum Schreiben treibt, ist ganz einfach die Lust am Spiel. Sie empfinden das Vergnügen, auf eine Karte zu setzen und dabei zu wissen, daß man jedesmal alles gewinnen oder alles verlieren kann. Das Risiko des Scheiterns scheint mir ein wesentliches Stimulans. Dazu kommt das andere Vergnügen, die zweckdienlichste Methode herauszufinden, mit den Wörtern und Sätzen zurande zu kommen. Den Stoff im eigentlichen Sinn halte ich für ganz und gar sekundär, es genügt, aus dem zu schöpfen, was um uns ist. Jedes Geschöpf trägt nach meiner Überzeugung strenggenommen das Gewicht der ganzen Menschheit. Nur die Art, wie die einzelnen damit zurande kommen, unterscheidet sie.

Um darauf zurückzukommen, wie ich meine Bücher schreibe: Ich würde sagen, es ist eine Frage des Rhythmus und hat viel mit Musik zu tun. Ja, was ich schreibe, kann man nur verstehen, wenn man sich klarmacht, daß zuallererst die musikalische Komponente zählt und daß erst an zweiter Stelle das kommt, was ich erzähle. Wenn das erste einmal da ist, kann ich anfangen, Dinge und Ereignisse zu beschreiben. Das Problem liegt im Wie. Leider haben die Kritiker in Deutschland kein Ohr für die Musik, die für den Schriftsteller so wesentlich ist. Mir verschafft das musikalische Element eine ebenso große Befriedigung, da ja zum Vergnügen an der Musik noch das an dem Gedanken dazukommt, den man ausdrücken will.

Der Schriftsteller, der nicht schreiben kann, ich denke vor allem an den Helden aus dem „Kalkwerk", ist eine in Ihrem Werk immer wiederkehrende Figur. Ist das ein persönliches Problem?

Wenn ich einmal mein Arbeitstempo erreicht habe, kann mich nichts mehr ablenken. Während ich in Brüssel am Manuskript des Romans „Verstörung" arbeitete, brach im großen Kaufhaus „Innovation" der Brand aus, ganz nahe vor meinem weit offenen Fenster. Ich sah, wie sich der Himmel verfinsterte und sich dann in eine Feuerkugel verwandelte. Ins Schreiben vertieft, wunderte ich mich, daß ich keine Feuersirenen hörte. Als sie endlich ertönten, hatte das Feuer schon alles verschlungen.

Vor diesem Stadium liegt aber eine Zeit, in der der geringste Zwischenfall, und sei's der Briefträger, die ganze Arbeit in Frage stellen kann. In diesen Momenten ist das beste System zur Bekämpfung der Angst das, kein System zu haben oder dann ein Flugzeug zu nehmen und sich anderswo niederzulassen. Irgendwo, vorausgesetzt die Landschaft ist nicht zu schön. Wenn ich noch nicht angefangen habe zu schreiben, kann die Schönheit eines Ortes auch bereichernd wirken, sofern sie mich in Wut bringt. Aber für die eigentliche Arbeit ziehe ich x-beliebige, auch rundum häßliche Orte vor. Die Schönheit von Städten wie Rom, Florenz, Taormina oder Salzburg ist für mich tödlich.

Sie bezeichnen Salzburg in der „Ursache" als eine „tödliche Krankheit, der die Bewohner bei ihrer Geburt anheimfallen". Ist das nicht ein bißchen übertrieben?

Je schöner eine Stadt ihrem Anschein nach ist, desto verblüffender ist ihr wirkliches Gesicht, das sie unter der Fassade verbirgt. Gehen Sie in irgendein Restaurant in Salzburg. Auf den ersten Blick haben Sie den Eindruck: lauter brave Leute. Hören Sie Ihren Tischnachbarn aber zu, entdecken Sie, daß sie nur von Ausrottung und Gaskammern träumen. Ich werde Ihnen eine herrliche Anekdote erzählen. Kurz nach Erscheinen der „Ursache" hat mich der deutsche Kritiker Jean Améry eines Tages beiseite genommen: „Du kannst über Salzburg nicht so reden. Du vergißt, es ist eine der schönsten Städte der Welt." Einige Wochen später, als ich gerade seine Kritik über mein Buch im „Merkur" gelesen hatte und noch voller Wut war, weil er absolut nichts begriffen hatte, hörte ich im Fernsehen eine Meldung: Améry hatte sich am Vortag umgebracht, und ausgerechnet in Salzburg. Das ist kein Zufall. Gestern noch haben sich drei Menschen in die Salzach geworfen. Man sagte, es war der Föhn. Aber ich weiß, daß in dieser Stadt etwas körperlich auf den Menschen lastet und sie schließlich zerstört.

Es scheint, Sie haben doch eine außergewöhnliche Gabe, überall Monster zu entdecken.

Alle Menschen sind Monster, sobald sie ihren Panzer lüften. Im übrigen kenne ich mich gut genug, um es zu merken, wenn ich meine Gefühle auf andere projiziere. Gewiß, das Monströse fasziniert mich, aber glauben Sie mir, ich erfinde es nie. Wenn Ihnen die Wirklichkeit weniger erstaunlich erscheint als meine Erfindung, liegt das einzig daran, daß die Tatsachen in zerstreuter Form auftreten. In einem Buch muß man unbedingt Leerlauf vermeiden. Das Geheimnis besteht darin, die Wirklichkeit unerbittlich zu raffen, etwa als ob es sich um den ersten mißlungenen Entwurf eines Manuskripts handeln würde. Vielleicht ist es das, was man gewöhnlich Phantasie nennt.

In der Bundesrepublik wird die Existenz einer spezifisch österreichischen Literatur oft verneint. Wie stehen Sie dazu?

Das ist gar keine Frage. Nehmen Sie die Aussprache, die Sprachmelodie. Da gibt es schon einen wesentlichen Unterschied. Meine Schreibweise wäre bei einem deutschen Schriftsteller undenkbar, und ich habe im übrigen eine echte Abneigung gegen die Deutschen.

Vergessen Sie auch nicht das Gewicht der Geschichte. Die Vergangenheit des Habsburgerreichs prägt uns. Bei mir ist das vielleicht sichtbarer als bei den anderen. Es manifestiert sich in einer Art echter Haßliebe zu Österreich, sie ist letztlich der Schlüssel zu allem, was ich schreibe.

Das hindert mich aber nicht, mich gegen die abzugrenzen, die behaupten, mit der Welt gehe es immer schlechter und sie werde immer absurder und unerträglicher. Auch wenn man, von sich ausgehend, überall nichts als Häßlichkeit und Gestank entdeckt, stellt doch jede Minute einen Zuwachs an Erfahrung dar. Wir selber haben in diesem Augenblick gegenüber denen, die gestern gestorben sind, einen entscheidenden Trumpf: zu wissen, was inzwischen geschehen ist.

Sie haben entschieden das Talent, aus jeder zustimmenden Antwort eine Verneinung zu machen.

112

Eine definitive Antwort hat es bis heute noch nie gegeben. Zum Glück, denn wenn die Menschen keine Fragen mehr zu stellen hätten, müßte man den Endpunkt außerhalb des Universums verlegen.

Eine einzige Sache ist gewiß: der Tod, dieser Grill, auf dem wir alle als Braten enden. Aber niemand weiß genau, worin er besteht.

*

Brigitte Hofer

ICH HAB' PRAKTISCH EH ALLE GEGEN MICH

1984

Österreichs Kulturleben ist um einen Skandal reicher. Auf Antrag eines namentlich nicht genannten Klägers wurde heute das jüngste Buch des Schriftstellers Thomas Bernhard mit dem Titel „Holzfällen" aufgrund einer einstweiligen Verfügung gerichtlich beschlagnahmt. Der Kläger fühlte sich durch Bernhards Roman, der mit Österreichs Kulturschaffenden recht unsanft umspringt, beleidigt. Bernhard attackiert den Wiener Kunstbetrieb im allgemeinen und das Wiener Burgtheater im besonderen. Das im deutschen Suhrkamp Verlag erschienene Buch war erst vor wenigen Tagen an die Buchhandlungen ausgeliefert worden, aus denen es jetzt wieder verschwunden ist.

Eine Abendgesellschaft in der Wiener Gentzgasse. Zum Essen erwartet man einen prominenten Burgschauspieler, der sich nach einer Premiere der „Wildente" unter die illustren Gäste mischen will – Ausgangssituation und Rahmen von Thomas Bernhards jüngstem Buch „Holzfällen", ein Buch, das, wie schon manch anderes Werk des großen literarischen

114

Mallorca, 1982   *Foto von Gerda Maleta*

Einzelgängers, mit Österreich, mit seiner Kultur und seinem Kulturbetrieb unsanft abrechnet.

Ein Zitat als Beispiel: „Künstlertum heißt in Österreich für die meisten, sich dem Staat, gleich welchem, gefügig zu machen und sich von ihm aushalten zu lassen, lebenslänglich. Das österreichische Künstlertum ist ein gemeiner und verlogener Weg des Staatsopportunismus, der mit Stipendien und Preisen gepflastert und mit Orden und Ehrenzeichen tapeziert ist, und der in einem Ehrengrab auf dem Zentralfriedhof endet."

Unter den von Thomas Bernhard Attackierten befinden sich diesmal vor allem Künstler und Kulturfunktionäre – Literaten, Burgschauspieler, Komponisten mit fiktiven Namen. Einer fühlte sich von Bernhards Text bis zur Kenntlichkeit beschrieben und klagte. Sein Rechtsanwalt, Dr. Edwin Morent: „Ich bin nicht in der Lage, den Namen meines Mandanten offenzulegen. Ich kann lediglich sagen, daß es sich bei dem Werk des Thomas Bernhard um einen Schlüsselroman handelt, der in die höchstpersönlichen Persönlichkeitsrechte meines Mandanten eingreift. Wegen Gefahr im Verzug hat das Landesgericht Wien eine einstweilige Verfügung erlassen. Aus diesem Grund sind die Sicherheitsbehörden, das sind Polizei und Gendarmerie, in ganz Österreich bereits aufgefordert, in den Buchhandlungen den weiteren Verkauf des Romans zu unterbinden und die Romane einzuziehen."

Thomas Bernhard erreichten wir am Nachmittag telefonisch. Er gab sich gelassen.

Das trifft zur Zeit einmal nicht mich. Das ist zuerst einmal eine wirtschaftliche Sache, nicht, der Suhrkamp Verlag muß sich dagegen wehren. Und dann muß man wissen, wer hat die veranlaßt, ich weiß ja nix.

Sie wissen nicht, wer das veranlaßt hat?

Ich weiß gar nicht, wer irgendwas veranlaßt hat, das entzieht sich völlig meiner Kenntnis.

Sie können auch nicht ahnen, wer da dahintersteckt?

Nein, und wenn ich's ahnen würde ... dahinter steckt eine ganze Meute von Schriftstellern, die man ja eh kennt. Ich hab' ja praktisch eh alle gegen mich, und die telefonieren sich ja gegenseitig zusammen.

Ist das jetzt eine Bestätigung für Ihr Buch?

Aber die sind ja viel scheußlicher als man je schreiben kann. Das ist so. Schauen Sie, die telefonieren auch bei der Bestenliste, wie voriges Jahr, „der darf keinen Punkt mehr kriegen", das sind ungefähr fünfzehn Leut', die sprechen sich ab, das ist doch alles ein Mumpitz, nicht. Machen's halt wieder sowas.

Aber vielleicht fühlen sich die auch in irgendeiner Weise scheußlich behandelt.

Von wem?

Ja, von Ihnen natürlich, durch Ihr Buch!

Von mir doch nicht, was heißt denn das, das ist doch nur die Wahrheit! Die Leute machen ja lauter Grauslichkeiten und glauben, sie können das Jahrzehnte fortsetzen, im Rücken, das geht halt nicht. Einmal sagt man halt solche Sachen. Außerdem, im Buch stehen andere

Namen, andere Orte, also juristisch ist das überhaupt nicht greifbar, für mein Gefühl. Aber das ist eine Gerichtssache, nicht, wenn in Österreich sowas geklagt werden kann, solln sie klagen. Kann ich ja nicht ändern. Außerdem hab' ich ja schon Erfahrung in solchen Sachen, und wie ich vor zehn Jahren g'sagt hab', ein Pfarrer hat ein rosiges Bauerng'sicht, das war ein Hauptanklagepunkt. Das ist in Österreich alles möglich.

Ja, aber wenn man zum Beispiel so Namen wie die Jeannie ...

Schauen Sie, wenn da steht „Jeannie Billroth", da dürfte überhaupt niemand mehr ein Buch schreiben, weil jeder würde sich irgendwo wiedererkennen. Das Buch ist halb erfunden und halb wahr, das ist eine Mischung, also was soll das. Im Grund' sind die Leut' viel grausiger als man sie je beschreiben kann, das ist meine Meinung.

Ärgern Sie sich jetzt?

Naja, was soll ich machen, nicht, ich war immer allein, werd' das immer sein und fertig. Gibt's nix zu sagen, wenn man will, wenn man mich anklagt, soll man mich anklagen, kann man nix machen. Dann erst hab' ich irgendwas zu sagen. Wenn man angeklagt werden würde, muß man aussagen, weil das hab' ich ja schon dreimal erlebt bei Prozessen.

Sind Sie da jemals verurteilt worden bei solchen Prozessen?

War dann immer ein Vergleich.

Bernhards Buch trägt übrigens den Untertitel „Eine Erregung". Nicht unzutreffend für diesen Band, der mittlerweile aus den Buchgeschäften verschwunden ist – vorerst.

*

Ottnang (OÖ), 1988   *Foto von Erika Schmied*

Jean-Louis de Rambures

ICH BIN KEIN SKANDALAUTOR

1985

Meine zweite Begegnung mit Thomas Bernhard fand auf seinen Wunsch im Hotel Ambassador in Wien statt. Er hatte gerade den Verkauf seiner Werke in Österreich verboten und wollte mir die Gründe für seine Wut auseinandersetzen.

Sein Lächeln war dieses Mal gezwungen, als er in der Halle erschien. Er hatte ein Beruhigungsmittel genommen, deshalb hatte ihn die Wut verlassen. Er schlug mir vor, den Tag mit ihm zu verbringen, vielleicht würde seine Wut irgendwann wieder zurückkehren.

Thomas Bernhard erzählte, daß er in seiner Jugend Bierfässer in das Hotel geliefert habe, in dem wir uns befanden. Er arbeitete als Auslieferer in einer Brauerei, was mit seiner Entlassung endete, als er mit seinem Lastwagen ein Schaufenster eindrückte. Wieder zurück in Salzburg, schlug er die Seite „Vermischtes" der Zeitung auf. Eine Tankstelle war in die Luft gegangen. Ein Lastwagen, dessen Tank gerade gefüllt wurde, explodierte dabei. Es war sein Lastwagen.

Im selben Hotel wurde er Zeuge einer sehr unangenehmen Szene, als er wie durch ein Wunder gerade einer Flugzeug-katastrophe entronnen war. Bei dem Flugzeug, in welchem er sich mit seiner Pressereferentin befand, fiel unmittelbar nach dem Start ein Motor aus. Dem Piloten war es wie durch ein Wunder gelungen, wieder zum Flughafen zurückzukehren. Die Pressereferentin und er hatten beschlossen, ihr Überleben mit Champagner zu begießen. Als sie das Hotel betraten, überraschte die Pressereferentin ihren Mann in galanter Begleitung. Er feierte offensichtlich auf seine Weise.

Etwas später blätterte Thomas Bernhard in einer Zeitung. Es wurde vom Empfang des SS-Offiziers Walter Reder durch den österreichischen Verteidigungsminister berichtet. Er kannte die Familie des Ministers sehr gut. Es waren Salz-burger, die seit Generationen Musiker waren. In Österreich kommen die Mörder immer aus Musikerfamilien ... sagte er.

Thomas Bernhard hatte seine Wut wiedergefunden. Jetzt konnte das Interview beginnen.

Worüber klagen Sie? Seit sechs Monaten wird nur von Ihnen geredet.

Ja, aber als ob es etwas Sensationelles wäre. Von sei-ten der Österreicher ist es eine normale Reaktion, aber von seiten der Deutschen hat es mich gewundert, die ja, wie man weiß, Gründlichkeit und Ernst in die Welt ge-bracht haben. Ich für meinen Teil mag auch Sensa-tionsgeschichten. Aber wenn ein Literaturkritiker einen

Schriftsteller anklagt und vor Gericht bringt, da gibt es meiner Meinung nach nichts mehr zu lachen. Das Verbot wurde von einem Richter ausgesprochen, der nur eine Stunde hatte, um den Roman zu lesen. Die Polizei ist in jede Buchhandlung gekommen, um jedes Exemplar zu beschlagnahmen. In zwei Wochen habe ich vierzehn Vorladungen bekommen. Aber der Richter hat es nicht einmal nach sechs Wochen für nötig gehalten, mich vorzuladen. Wo gibt's denn sowas? Man hat gesagt, das es sich um eine Privatsache handelt. Aber wenn man die tausend Arten, auf die man ein Gesetz interpretieren kann, kennt, behaupte ich, daß es der Staat war, der mich angeklagt hat.

Ihr Roman ist trotzdem zum ersten Mal auf der Bestsellerliste.

Ja, aber auf eine völlig ungesunde Art. Man hat mein Buch gekauft, weil man sich erwartet hat, darin skandalöse Enthüllungen zu finden, wobei es sich nur um ein paar harmlose Namen gehandelt hat, von denen solche Leser wahrscheinlich noch nie gehört haben. Ich stelle mir vor, wie sie schon ab der dritten Seite gelangweilt gegähnt haben. Da habe ich dann diese Leser für immer verloren. Ich bin kein Skandalautor. Was ich von meinen Lesern verlange, ist etwas ganz anderes. Höchstens drei- oder viertausend Personen werden sich außerdem wirklich für mein Werk interessieren; wenn es hoch kommt, sind es siebentausend, die fähig sind mir zu folgen.

Haben Sie gedacht, als Sie das Buch geschrieben haben, daß Ihre Modelle sich erkennen können?

Das Ziel eines Buches ist es eben, daß sich die Leute darin erkennen können. Ich schreibe, um zu provozieren. Wo wäre sonst die Freude am Schreiben? Natürlich, wenn man versucht, jeden Kontakt zur Justiz und zur Masse zu vermeiden, ist es besser, Gedichte zu schreiben, die niemand versteht, nicht einmal der Autor selber, indem man sich damit zufriedengibt, beim Schreiben höchste Musikalität zu erreichen. Das erlaubt außerdem noch Literaturpreise zu gewinnen. Aber das interessiert mich nicht, ich bin ein Schriftsteller, der die Dinge beim Namen nennt.

Sie haben anscheinend der ganzen Schöpfung den Krieg erklärt.

Überhaupt nicht. Im Gegenteil, ich höre nicht auf, die Welt zu bewundern, so wie sie ist. Neulich beim Schlafengehen habe ich auf meinem Bett einen Schmetterling gefunden, der vor Kälte halb erfroren war. Die ganze Nacht habe ich vermieden mich zu bewegen, um ihn nicht zu verletzen. Sogar meine Kindheit war wunderbar. Aber sogar das Schönste wird scheußlich, sobald man anfängt darüber nachzudenken. Vergleichen Sie alle Versprechen, die in einem zehnjährigen Kind stecken, mit dem, was es fünfundzwanzig Jahre später wird. Die Welt besteht nur aus Niederlagen und ernährt sich davon.

Hoffen Sie, durch Ihr Werk dazu beizutragen, die Welt zu ändern?

Um Gottes Willen, da würde ich ja zum Schweigen verurteilt. Zorn und Verzweiflung sind meine einzigen Antriebe, und ich habe das Glück, in Österreich den idealen Ort dafür gefunden zu haben. Kennen Sie viele Länder, wo ein Minister sich extra bemüht, um die „Rückkehr in die Heimat" eines SS-Offiziers zu begrüßen, der für den Tod tausender Menschen verantwortlich war? Das alles erklärt sich, wenn man weiß, daß jener Minister aus Salzburg stammt und das seine ganze Familie, die ich übrigens gut kenne, seit Generationen aus Musikern besteht.

Im ersten Stock spielt man Geige. Im Keller öffnet man die Gashähne. Eine typisch österreichische Mischung aus Musik und Nazismus. Ja, wirklich, wenn dieses Land sich ändern sollte, bliebe mir nichts anderes übrig als auszuwandern.

*

Peter Mörtenböck

Thomas Bernhards Schulwahnsinn

1985

Nach seinem bislang letzten Öffentlichkeitsauftritt bei der diesjährigen deutschen Buchmesse tauchte Bernhard vorerst in Wien unter, um dann für einige Zeit nach Venedig zu verschwinden.

Aufgrund des spektakulären Justizfalles um seinen neuesten Roman „Holzfällen" brauchte er Zeit für Erholung von der österreichischen Kultur- und Medienlandschaft. Die Anklagen machten Bernhard noch verbitterter und verschlossener gegenüber Auskünften über seine Werke.

FRONTAL rang Bernhard ein paar Worte ab, obwohl er des Frage-Antwort-Spiels müde geworden zu sein scheint.

———

Antworten gelten doch nur solange, bis sie als Klopapier benützt und wieder weggeschmissen werden. Die Schule heute ist schon wieder ganz anders als sie es vor 10 Jahren war, wie ich „Die Ursache" geschrieben

Mit Amalia Altenburg, 1979   *Foto von Franz Josef Altenburg*

habe. Dennoch, die Strukturen, die Verursacher von Schülerwahnsinn, sind die gleichen geblieben. Was sie erfahren haben sind wohl andere Namen und andere Antworten darauf.

Die Auswirkungen unseres vom Katholizismus schwarz gefärbten Schulsystems sind also die gleichen wie zu der Zeit, in der Ihr Roman spielt?

Natürlich. Die Schule verdirbt die Menschen. Damit ist alles gesagt. Ohne Schule geht's auch nicht, sonst hätten wir nur die Blöden und die Analphabeten – so ist das.

Wenn Sie an Ihre eigene Schulzeit denken und an die Verantwortlichen damals ...

Das ist doch alles einerlei, da hat sich doch nichts geändert! Der Moritz, dieser Minister für Unterricht und Kunst, mit dem bin ich vor 35 Jahren zur Schule gegangen. Den braucht man sich doch nur anschauen.

Ein Salzburger mit einem Salzburger Anzug und einem Salzburger Gesicht, der Moritz heißt, nächstes Mal heißt er Müller und es ist auch nichts anderes, er ist ein blöder Minister, ich bin ein blöder Hund.

Wenn Sie also zum Thema Schule etwas erfahren wollen, dann fragen Sie den Moritz, der gibt die richtige Antwort.

Was soll denn das heißen, die „richtige" Antwort?

Na, Politiker werden doch dafür gewählt, von einem dummen Volk, um richtige Antworten zu erhalten.

*

Patrick Guinand

REISENOTIZ

1985

August 85. Salzburg. Welturaufführung von „Der Theatermacher" im Landestheater.

Am nächsten Tag Versuch eines Besuchs bei Thomas Bernhard in Oberösterreich, ca. 100 km entfernt.

Nachdem der Reisende Gmunden hinter sich gelassen hat, ist er beeindruckt vom überall wahrnehmbaren intensiven Geruch von Jauchengruben und der allgegenwärtigen Schweineställe.

Zuerst Wiederentdecken von aus „Der Theatermacher" bekannter Ortsnamen.

Atzbach, Ried im Innkreis, Gallspach, Gaspoltshofen …

Im *Gasthof Fleischhauerei Bürstinger* Testessen der historischen Frittatensuppe.

Besichtigung des nicht mehr benutzten Tanzsaales.

Endlich Ohlsdorf.

Tanzsaal im Gasthof Bürstinger in Gaspoltshofen (OÖ)   Foto von Patrick Guinand

Ein Zirkus im Salzkammergut, 1985

Einige Kilometer weiter ein kleines Dorf, Obernathal: einige große Bauernhöfe und natürlich auch ein Schweinestall, 100 Meter von Thomas Bernhards Haus entfernt. Und um fünf Uhr die Freudensgrunzer der Schweine beim rituellen Festmahl.

Eine freundliche Nachbarin dient mir als Fürsprecherin. Vorverhandlungen. Thomas Bernhard, der gerade aus Wien gekommen ist, ist bereit, mich für zehn Minuten zu empfangen.

Gentleman-Farmer aus Mitteleuropa, perfekter Gastgeber.

Zwei Stunden lang sprechen wir über Gestank, einheimische Küche, Bauernsuppe, Holzwurmdreck, überhandnehmende Feuchtigkeit, Inkompetenz der Schauspieler, Theater, d. h. Katastrophe, nicht vorhandene Interpunktion, Telefonstörung, Prosodie und Musikalität der Bernhardschen Rede, Wahrheitsfanatismus, Feuerwehrkommandant des Nachbardorfes, der gleichzeitig Faßbinder ist, Unvereinbarkeit von Frau und Literatur, Bedeutung des Witzes und der Doppeldeutigkeit von Wörtern ...

Die Nachbarin ist beim Gespräch anwesend. Von ihm fasziniert, ergeben, märtyrerhaft, aber auch rebellisch und aufsässig.

Später wird sie mir über den Bruch zwischen Thomas Bernhard und Peter Handke erzählen (den er als „modisch" bezeichnet: ein junger modischer Mensch ...)

Handke zu Thomas Bernhard: „Der Dichter muß positiv sein."

Thomas Bernhard: „Blödsinn!" ... Der historische und öffentliche Bruch ist so entstanden.

Sie wird mir auch über die sogenannte Tante, seinen „Lebensmenschen" erzählen ...

Thomas Bernhard, sehr lustig, maliziös, spielt ständig mit den Wörtern, den Satz- oder Sinnesbrüchen, Gedankensprüngen, ohne Unterlaß. Allegro vivace, mit genießerischem Vergnügen.

Wir sprechen über den „Theatermacher", über die Spannung zwischen Wien und Obernathal, über die deutschen Schauspieler, die zu schwerfällig spielen, als ob sie eine Zeitung rezitieren, das Grunzkonzert der Schweine, das „tödliche Land", und natürlich von „Wittgensteins Neffe" ...

*

* *Aufgeschrieben im Hotel-Seegasthof „Oberndorfer" in Attersee (OÖ).*

Ottnang (OÖ), 1988   *Foto von Erika Schmied*

Andres Müry

WIE HABEN SIE GESCHLAFEN, HERR BERNHARD?

1985

Andres Müry traf den Dichter im November 1985 in Gesellschaft des Verlegers Wolfgang Schaffler vom Residenz Verlag in der Halle des Hotels „Ambassador" in Wien.

———

Wie haben Sie geschlafen, Herr Bernhard?

Bernhard: Wie ich geschlafen hab'? Also das ist doch bekannt, daß ich ewig schlaflos bin vor Angst, daß mir die Stadt Wien im Schlaf Zebrastreifen auf die Augenlider malt …

Schaffler: Ober, ein Glas Milch.

Bernhard: … Aber im Ernst, der Montaigne, der war ein ewig schlafloser Mensch, der hat sich jede Nacht zu seiner Concierge hing'hockt und alle Thunfischdosen aus ihrem Vorratskammerl aufgemacht …

Thunfischdosen?

Bernhard: …Das hat ihn beruhigt. „Meine Brüder …" hat er dann noch gemurmelt und ist in sein Kammerl z'ruck und hat einschlafen können …

Schaffler: Und die Frau ist dann an Thunfischvergiftung gestorben.

Bernhard: Nein, an Milchvergiftung.

Was halten Sie von Heiner Müller?

Bernhard: Was woll'n Sie hör'n? Zu dem Müller fällt mir nix ein.

In seiner Büchner-Preisrede …

Bernhard: Ein Schmarrn …

… hat er Beckett als den „Pillenknick der neueren Dramatik" bezeichnet …

Bernhard: Ja, was soll denn das heißen, Pillenknick? Wenn der Beckett der Pillenknick ist, dann ist der Müller die unbefleckte Empfängnis … die salonsozialistische unbefleckte Empfängnis, und dann geht dieser Herr Müller her und ißt mit dem Herrn Weizsäcker zu Mittag, deutsche Nudelsuppe …

Haben Sie damals mit dem Scheel nicht zu Mittag gegessen?

Bernhard: Da wär mir doch die Zeit zu schad' gewesen. Was hätt' ich reden soll'n mit dem Scheel? Und deutsche Nudelsuppe würd' ich eh mit niemandem essen, vielleicht eine japanische Nudelsuppe, wenn ich mit dem Unseld hinfahr' …

Nach Japan?

Bernhard: Ja, Japan, der Unseld bringt mich jetzt in Japan heraus. „Die *Verstörung* zuerst!" hat er gerufen, „Das japanischste Ihrer Bücher!", aber als ich dann gefragt hab', was heißt *Verstörung* auf japanisch, da hat er zugeben müssen, daß es das Wort *Verstörung* auf japanisch gar nicht gibt. Da hab' ich gesagt, dann nennen Sie's halt *Harakiri* ... (auf Schaffler zeigend, der in einem Zug seine Milch austrinkt) Schaun's, jetzt hat er wieder sein Stroheimprofil, neulich bin ich mit dem Peymann hier gesessen, und da ist die über 90jährige Mitzi Schrammel vom Judentisch herübergekommen und hat sich dem Peymann als professionelle Sadistin für das Burgtheater angeboten, die Mitzi Schrammel, die der Erich von Stroheim vor über 60 Jahren extra nach Hollywood bestellt hat für seine sogenannten Altwiener Luxusbordellszenen, die dann kein Mensch hat sehen dürfen, weil diese Ungeheuerlichkeiten sofort aus dem Film herausgeschnitten und vernichtet wurden, und der Peymann hat natürlich nix Besseres g'wußt, als mit Kunstzensur und dem sogenannten Fassbinderstück anzufangen, und ich hab' noch den Fehler gemacht zu erzählen, daß ich groteskerweise mitschuld bin an diesem sogenannten Fassbinderstück, 1975 bin ich nämlich mit dem Améry in der Bar vom „Frankfurter Hof" gesessen, der Améry hat mit mir über die *Ursache* sprechen wollen, die grad' erschienen war, und da ist so einer mit fettigen Haaren, daß einem gegraust hat, am Nebentisch gesessen, und der Améry hat geglaubt, er tut mit was Gut's und stellt mir den Fassbinder vor, „Was für ein Binder?" hab' ich nur gefragt, wir haben nix miteinander gesprochen, der

Fassbinder hat bloß aufmerksam zugehört, wie mir der Améry eine Predigt gehalten hat, daß man über Salzburg und die Salzburger nicht so schreiben dürf', wie ich das in der *Ursache* getan hätt', es seien schließlich nicht alle Salzburger Nazis gewesen, es habe auch koschere Salzburger gegeben, und der Fassbinder hat das alles fleißig aufnotiert und am nächsten Tag ist er dann nach New York geflogen und hat auf dem Flug dieses sogenannte Fassbinderstück zamm'gschmiert, wie er dem Améry auf einer Postkarte geschrieben hat, aber die Postkarte hat den Améry nie erreicht, weil der Améry sich zwischenzeitlich in Salzburg umgebracht hat, ich hab's aus dem Fernsehen erfahren, nachdem ich mich grad' noch wahnsinnig über seine Besprechung im „Merkur" geärgert hab', weil der Améry nix, aber auch gar nix von der *Ursache* begriffen gehabt hat, und da geht er hin und bringt sich in Salzburg um, und der Fassbinder geht hin und schmiert sein sogenanntes Fassbinderstück zamm', das der Peymann anscheinend für große Kunst hält. „Ja dann spielen Sie doch das Fassbinderstück, an den Karl-Lueger-Ring gehört's auch hin!" hab' ich laut gerufen, so daß alle Juden vom anderen Tisch zu uns herübergeschaut haben, das ist dem Peymann natürlich peinlich gewesen, er hat angefangen, von seinen Schweizer Baumwollunterhosen Größe 5 zu schwärmen, den sogenannten Gebirgswollunterhosen oder Montblanc-Hosen, und die Mitzi Schrammel hat erzählt, wie sie dem Stroheim für ein Verlobungsbankett, das in einer Stephansdomattrappe gespielt hat, fünfzig Paar seidene Unterhosen mit dem kaiserlichen Monogramm für die Statisten hat mitbringen müssen, „Seidene Unterhosen und Baumwollunterhosen, das ist der Unterschied zwischen Bochum und Wien" hab' ich sofort gedacht, aber nicht ausgesprochen, und da sind mir wieder die selbstgewebten Winterunterhosen von dem Heidegger eingefallen und der Heideggerwitz, den der Augstein überall in Hamburg herumerzählt hat ...

Schaffler: Ober, noch ein Glas Milch.

Bernhard: ...Der Heidegger träumt, er geht als ein Stück Schwarzwäldertorte verkleidet an die Lörracher Fasnacht und betritt, weil er auf's Häusel muß, eine Konditorei. Da fährt eine riesige Kuchengabel, die von einer noch riesigeren Frauenhand gehalten wird, auf ihn zu und spießt ihn auf. „Ich bin doch der Heidegger! Ich bin doch der Heidegger!" ruft er verzweifelt, aber die Frau glaubt ihm nicht. Wie er schon zwischen ihren riesigen wulstigen Lippen schwebt, kommt ihm die rettende Idee: Er zieht seinen Führerschein heraus und wird wieder heruntergelassen ... (Schaffler trinkt wieder in einem Zug seine Milch aus. Zwei als Scheichs gekleidete Saudis durchqueren den Raum) ...Entweder wir werden eh gleich in die Luft gesprengt, oder der Schaffler und ich, wir erwürgen uns gegenseitig. In beiden Fällen sind wir hoffentlich gleichzeitig tot ...

Schaffler: Danke, danke.

Bernhard: ... Aber im zweiten kommt noch die Zunge bei beiden gleichzeitig heraus, und dann geht irgendwer her und klammert die beiden Zungen mit der Heftmaschine zusammen ...

Kleine Nachschrift

Nachdem das – als Auszug gekennzeichnete –
Interview im Januar 1986 in „Theater heute" erschienen
war, meldeten sich bei mir nicht nur mehrere Rund-
funkanstalten, sondern auch Bernhards Verlag Suhrkamp mit der Bitte, ihnen das Originaltonband bzw.
dessen komplette Abschrift zugänglich zu machen.
Zwar nicht die Redakteure von „Theater heute", aber
doch andere eingefleischte Bernhardianer hielten das
vollkommen fiktive Gespräch zu meiner Verblüffung
für echt. Entscheidend zur Glaubwürdigkeit trug zwei-
fellos das Photo bei: Es zeigte Bernhard mit Schaffler im
„Ambassador", konnte ja unmöglich lügen und zer-
streute offenbar bei vielen den aufkeimenden Verdacht
– sogar bei Bernhard selber. In der abgebildeten
Situation hatte es tatsächlich einen unsichtbaren Dritten
(nicht mich, ich schwör's) gegeben, mit dem Bernhard,
während er photographiert wurde, im Gespräch war,
und an ebendiesen schien ihn mysteriöserweise das
‚Interview' zu erinnern. Umgehend rief er Digne
Meller-Marcovicz, die Photographin, in deren Wohnung ich das noch unveröffentlichte Bild zufällig gesehen hatte, an und wollte wissen, wie „dieser Bub" dazu
komme, ihre Unterhaltung so auszuschlachten, und ob
er, Bernhard, das denn alles wirklich gesagt habe. Für
möglich hielt er es, und was er für möglich hielt, pflegte
er nicht zu dementieren. Heute also das Geständnis: Ich
habe mit Bernhard – bis auf einen flüchtigen Hände-
druck ein halbes Jahr vor dem ‚Interview' an der

Frankfurter Lindenstraße – nie persönlich gesprochen. Und gestehen möchte ich, wo ich gerade dabei bin, zwei oder drei kleine Anleihen bei Woody Allen und eine (die Sache mit der Heftmaschine am Schluß) bei André Müller. Echt wahr.

Andres Müry, 1992

*

Asta Scheib

Von einer Katastrophe in die andere

1986

Wer versucht, sich Thomas Bernhard über Archivmaterial zu nähern, bringt sich in eine komplizierte Situation. Statt des einen Schriftstellers, mit dem man sich als Leser auseinandersetzte, hat man plötzlich eine ganze Anzahl Thomas Bernhards im Reisegepäck nach Wien: den „großen störrischen Einzelgänger", den „heiteren Tragiker", den „makabren Humoristen", den „leidenden Rebellen" (Marcel Reich-Ranicki), den „staatlich geprüften Misanthropen" (Ulrich Weinzierl), den „Verzweiflungsvirtuosen und Mißmutsmanieristen" (Eberhard Falcke), den „ins Finstere vernarrten Komödianten" (Franz Josef Görtz) oder die „misanthropische Wortmühle" (Sigrid Löffler).

Die Lektüre der Kritiken seines umfangreichen Prosawerkes und der vielgespielten Theaterstücke ist wie ständig wechselnder Konsum von Süßem und Saurem. Und dann sitzt man vor verspiegelten Säulen in einem Hotel an der Kärntner Straße und wartet auf den Dichter. Vielleicht hat er einen schon längst im Spiegel erblickt und so widerwärtig

Ottnang (OÖ), 1988   *Foto von Erika Schmied*

gefunden wie Cäcilia und Amalia in seinem letzten Roman
„Auslöschung". Vielleicht ist er deshalb schon längst wieder
gegangen. Doch dann steht er da, und sein offenes Lächeln
bewirkt Auslöschung aller angelesenen Bernhard-Porträts.
Man möchte von ihm selber wissen: Wer ist Thomas
Bernhard?

————

Man weiß nie, wer man ist. Es sagen einem ja die anderen, wer und was man ist, nicht? Und weil es einem millionenmal gesagt wird, wenn man ein längeres Leben hat, weiß man überhaupt nicht mehr, wer man ist. Jeder sagt etwas anderes. Man selbst sagt auch jeden Augenblick etwas anderes.

Gibt es Menschen, von denen Sie abhängig sind, die bestimmend in Ihr Leben eingreifen?

Man ist immer abhängig von Menschen. Es gibt niemanden, der nicht von irgendeinem Menschen abhängig ist. Ein Mensch, der immer mit sich allein ist, würde in Kürze zugrunde gehen, tot sein. Ich glaube, es gibt für jeden entscheidende Menschen. Ich habe zwei in meinem Leben gehabt. Meinen Großvater väterlicherseits und dann einen Menschen, den ich ein Jahr vor dem Tod meiner Mutter kennengelernt habe. Das war eine Verbindung, die über 35 Jahre gedauert hat. Das war der Mensch, auf den alles, was mich betrifft, bezogen war, von dem ich alles gelernt habe. Mit dem Tod dieses Menschen war dann auch alles wieder weg. Dann steht man allein. Zuerst möchte man mitsterben. Dann sucht man. Alle Menschen, die man noch hat, machte man im Laufe des Lebens zu weniger Wichtigem. Dann ist man halt allein. Damit muß man fertig werden.

Wenn ich, gleich wo, allein war, habe ich immer gewußt, dieser Mensch schützt mich, stützt mich, beherrscht mich auch. Dann ist das alles weg. Man steht auf dem Friedhof. Das Grab wird zugeschüttet. Alles ist weg, was einem irgend etwas bedeutet hat. Dann wacht man jeden Tag in der Früh mit einem Alptraum auf. Es ist nicht so, daß man unbedingt weiterleben will. Man will sich aber auch nicht erschießen oder aufhängen. Das kommt einem gemein vor und unappetitlich. Dann hat man nur noch Bücher. Die stürzen sich auf einen drauf mit allen Fürchterlichkeiten, die man hineinschreiben kann. Aber man spielt das Leben nach außen weiter, als wenn nichts geschehen wäre, weil man ja sonst aufgefressen würde von der Umgebung. Die lauert ja nur, ob sie Schwächen an einem entdeckt. Wenn man die zeigt, wird man restlos ausgenützt und in Heuchelei ertränkt. Heuchelei heißt dann Mitleid. Das ist die schönste Bezeichnung für Heuchelei.

Aber es ist, wie gesagt, schwierig, nach 35 Jahren mit einem Menschen plötzlich allein zu sein. Das verstehen nur Leute, die ähnliches erlebt haben. Man ist plötzlich noch hundertmal mißtrauischer als vorher. Hinter jeder sogenannten menschlichen Äußerung vermutet man eine Gemeinheit. Man wird noch kälter, als man vorher schon verschrien war. Noch abweisender. Das einzige, was einen rettet, ist, daß man nicht verhungern muß. Angenehm ist dieses Leben sicher nicht. Dazu kommt die eigene Hinfälligkeit. Ein totaler Abbau. Man betritt

nur Häuser, die einen Lift haben. Man trinkt einen Viertelliter am Mittag, einen Viertelliter am Abend. Dann
rutscht man so halbwegs durch. Wenn man aber schon
zu Mittag einen halben Liter trinkt, hat man eine grau-
envolle Nacht. Das sind die Probleme, auf die das Leben
zusammenschrumpft. Pillen nehmen, nicht nehmen,
wann nehmen, wozu nehmen. Alle Monate wird man
da ein bißchen wahnsinnig, weil man durcheinander-
kommt.

Wann haben Sie sich zum letzenmal gefreut?

Einmal am Tag freut man sich, daß man am Leben ist
und noch nicht tot. Das ist ein unwahrscheinliches
Kapital.

Von dem Menschen, der mir weggestorben ist, weiß
ich, daß man bis zuletzt am Leben hängt. Im Grunde
genommen lebt ja jeder Mensch gern. So schlimm kann
das Leben gar nicht sein, daß man nicht doch dran-
hängt. Die Triebfeder ist die Neugierde. Man will wissen: Was ist noch? Es ist interessanter, zu wissen, was
morgen ist, als was heute ist. Je älter man wird, desto
interessanter wird das Leben. Nachdem der Körper
kaputt ist, entwickelte sich das Gehirn erstaunlich gut.

Ich möchte am liebsten alles wissen. Ich bin auch
immer bestrebt, die Leute auszurauben und alles aus
ihnen herauszuziehen, was drinnen ist. Soweit man das
versteckt machen kann. Wenn die Menschen merken,
daß man sie ausrauben will, machen sie zu. So wie jeder
seine Haustür zusperrt, wenn ein Verdächtiger näher-
kommt. Aber man kann auch einbrechen, wenn es nicht
anders möglich ist. Ein Kellerfenster hat jeder Mensch
offen. Das kann auch ein starker Reiz sein.

Haben Sie sich je gewünscht, eine Familie zu gründen?

Ich war immer nur froh zu überleben. An die Gründung einer Familie konnte ich gar nicht denken. Ich war nicht gesund, ich hatte daher auch keine Lust zu diesen Sachen. Es ist mir nichts anderes übriggeblieben, als mich in meinen Verstand zu flüchten und mit dem irgend etwas anzufangen, weil das Körperliche nichts hergegeben hat. Das war leer. So ist es mehr oder weniger über die Jahrzehnte geblieben. Ob das gut ist oder schlecht, weiß man nicht. Es ist halt eine Form zu leben. Das Leben kennt Milliarden verschiedener Existenzformen.

Meine Mutter ist mit 46 Jahren gestorben. Das war 1950. Ein Jahr vorher hatte ich meine Lebensgefährtin kennengelernt. Das war zuerst eine Freundschaft und eine ganz starke Bindung an einen viel älteren Menschen. Wo ich auch immer war in der Welt, war das der zentrale Punkt, aus dem ich eigentlich alles genommen habe. Ich wußte immer, dieser Mensch ist vollkommen für mich da, wenn es schwierig wird. Ich habe nur an ihn denken müssen, nicht einmal aufsuchen mußte ich ihn, und es war dann schon in Ordnung. Auch jetzt lebe ich mit diesem Menschen. Wenn ich Sorgen habe, frage ich: Was würdest du machen? Dadurch bin ich oft zurückgehalten von absoluten Fürchterlichkeiten, die man im Alter auch noch begehen würde, weil in einem ja alles drin ist. Sie war für mich das Zurückhaltende, das Disziplinierende. Andererseits auch das Weltaufmachende.

Waren Sie zu irgendeinem Zeitpunkt zufrieden mit Ihrem Leben?

Ich war nie zufrieden mit meinem Leben. Aber ich habe immer ein großes Schutzbedürfnis gehabt. Bei meiner Freundin habe ich Schutz gefunden. Sie hat mich auch immer zum Arbeiten gebracht. Sie war glücklich, wenn sie gesehen hat, daß ich was tue. Dadurch war es großartig. Wir haben Reisen gemacht. Ich habe ihre schweren Koffer getragen, aber ich habe vieles kennengelernt. Soweit man das von sich sagen kann, denn das ist immer noch wenig oder fast gar nichts. Aber für mich war es alles.

Als ich 19 war, hat sie mir in Sizilien gezeigt, wo Pirandello gewohnt hat. Ohne daß sie bildungsbeflissen etwas in mich hineingestopft hätte. Es war alles eher beiläufig. Wir waren in Rom, in Split – doch es waren immer mehr die inneren Reisen, die man dann halt gemacht hat. Wir waren irgendwo auf dem Land, wo wir ganz einfach lebten. Wo es in der Nacht auf das Bett geschneit hat. Dieser Hang zur Einfachheit war da. Die Kühe hausten grad daneben, wo man geschlafen und gelebt, eine Suppe gegessen und viele Bücher mitgehabt hat.

Sind Sie je mit Ihrer Existenz als Schriftsteller einverstanden gewesen?

Nun – man will beim Schreiben immer besser werden, weil man sonst verrückt würde. Das ist so ein Vorgang, wenn man älter wird. Die Kompositionen sollten halt immer straffer werden. Ich habe stets versucht, beim Weitergehen etwas Besseres zu machen. Beruhend auf dem, was der letzte Schritt war, den nächsten Schritt zu machen. Natürlich hat man immer die gleichen Themen, das ist ganz klar. Jeder hat nur sein Thema. Darin soll er sich bewegen. Dann macht er es auch gut. Ideen hat es viele gegeben. Vielleicht will man Mönch werden, Eisenbahner, Holzhacker. Zu den ganz einfachen Leuten möchte man dazugehören. Das ist natürlich so ein Irrtum, weil man nicht dazugehört. Wenn man ein Mensch ist wie ich, kann man natürlich nicht Eisenbahner oder Mönch werden. Ich war immer ein Einzelgänger. Trotz dieser starken Verbindung war ich immer allein. Am Anfang habe ich natürlich noch geglaubt, ich müßte wohin fahren und mitreden.

Aber seit mindestens einem Vierteljahrhundert habe ich kaum Kontakt zu anderen Schriftstellern.

Eines Ihrer Zentralthemen ist die Musik. Wieviel bedeutet sie Ihnen?

Als ich jung war, habe ich Musik studiert. Sie hatte mich ja von Kindheit an verfolgt. Obwohl ich die Musik geliebt habe, war das eine Verfolgungsjagd. Studiert habe ich eigentlich nur, um mit Gleichaltrigen zusammenzusein. Der Grund war wohl die Verbindung zu diesem sehr viel älteren Menschen. Mit den Kollegen am Mozarteum habe ich gespielt, gesungen, bin im Theater aufgetreten. Die Musik war dann nicht mehr möglich, weil sie rein physisch nicht mehr möglich war. Musik kann man auch nur machen, wenn man ständig mit Leuten zusammen ist. Da ich das nicht wollte, hat sich das eigentlich von selbst erledigt.

Ihre Ausfälle vor allem gegen Staat und Kirche sind zuwei-
len sehr schroff. Der Katholizismus wird in „Auslöschung"
als „Zerstörer, Angsteinjager, Charaktervernichter der
Kinderseele" beschrieben. Ihr Land Österreich ist für Sie „zu
einem skrupellosen Geschäft geworden, in welchem nur mehr
noch um alles gefeilscht und in welchem jeder um alles betro-
gen wird". Schreiben Sie das aus einer Art Universalhaß?

Ich liebe Österreich. Das kann man doch nicht ver-
leugnen. Nur die Konstruktion von Staat und Kirche –
die ist so scheußlich, daß man sie nur hassen kann.

Ich glaube, daß alle Länder und Religionen, die man
gut kennt, gleich scheußlich sind. Man sieht mit der
Zeit, daß die Konstruktion überall die gleiche ist. Ob
Diktatur oder Demokratie – für den einzelnen ist im
Grunde alles gleich schauerlich. Zumindest bei näherer
Betrachtung. Zu der soll man sich aber nicht herablas-
sen, sonst hat man die Meute am Hals, wenn man
öffentlich solche Sachen sagt.

Ist es Ihnen nicht wichtig, ob Sie in Ihrer Heimat als
Schriftsteller und als Mensch akzeptiert werden?

Der Mensch lechzt von Natur aus nach Liebe, von
Anfang an. Nach Zuwendung, Zuneigung, die die Welt
zu vergeben hat. Wenn einem das entzogen wird, kann
man hundertmal sagen, man sei kalt und sehe und höre
das nicht. Es trifft einen mit aller Härte. Aber das gehört
eben dazu, dem kann man nicht ausweichen. Wenn
man in den Wald hineinruft, kommt eben ein Echo
zurück. Wenn man den Wald kennt, kennt man auch
das Echo. Letzten Endes ist man in Haß und Verachtung
auch verliebt.

Machen Sie deshalb in Ihren Büchern zunächst immer tabula rasa? Sie rechnen offenbar – und zwar ziemlich brüsk – mit bestimmten Menschen ab. Kriegen Sie das zu spüren?

Ja. Es ist manchmal fast unerträglich. Gestern hat mich eine Frau regelrecht angesprungen, als ich in der Stadt war. Sie schrie: „Wenn Sie so weitermachen, werden Sie krepieren!" Dem ist man ausgeliefert. Oder man sitzt auf einer Parkbank und bekommt plötzlich von hinten einen Schlag, daß man zusammenfährt und nur noch hört, wie jemand schreit: „Nur so weiter!" Das verursacht man aber alles selber. Nur hat man damit nicht gerechnet. In Ohlsdorf, meinem eigentlichen Wohnsitz, kann ich auch kaum mehr leben. Die Überfälle von jeder Seite sind unerträglich. Dabei ist das Lob genauso schauerlich, verheuchelt, verlogen und selbstsüchtig wie die Beschimpfungen. Es ist so, daß die Leute, wenn ich nicht gleich öffne, bösartig werden und die Fenster einschlagen. Zuerst klopfen sie, dann rufen sie, dann schreien sie, und dann hauen sie die Fenster ein. Dann heult der Motor des Wagens auf, und dann sind sie weg. Weil ich vor 22 Jahren so blöd war, die Adresse bekanntzugeben, kann ich jetzt in Ohlsdorf nicht mehr leben. Leute sitzen dort auf der Mauer. Schon in der Früh, wenn ich zum Tor hinausgehe, sitzen die dort. Sie wollen mit mir reden, sagen sie. Oder die Leute gehen am Wochenende, so wie sie früher Affenschauen gegangen sind, jetzt Dichterschauen. Das ist günstiger. Sie fahren nach Ohlsdorf und umstellen mein Haus. Ich schaue dann wie ein Sträfling oder wie ein Verrückter hinterm Vorhang hervor. Unerträglich.

Ich halte seit zwölf Jahren auch keine Lesungen mehr. Ich kann mich nicht mehr hinsetzen und mein eigenes Zeug lesen. Ich kann auch applaudierende Leute nicht vertragen. Applaus – das ist der Lohn der Schauspieler. Die leben davon. Ich aber habe gern die Überweisungen vom Verlag. Aber Marschmusik, Heerscharen und klatschende Leute im Theater oder Konzert – das ist mir unerträglich. Das Unheil kommt ja immer aus der klatschenden, tosenden Menge. Alles Grausen kommt aus dem Applaus!

In „Auslöschung" haben Sie gesagt, daß man sich mit vierzig Jahren zum Altersnarren ausrufen lassen soll. Warum?

Diese Methode ist die einzige, die das Ganze erträglich macht. Sie haben mich gefragt, welchen Blick ich auf mich habe. Da kann ich nur sagen: auf den Narren. Dann geht's. Nur mit dem Blick auf den Narren, auf den Altersnarren. Ein junger Narr ist nicht interessant. Der wird als Narr auch noch gar nicht anerkannt.

War das Schreiben, vor allem Ihrer frühen Bücher wie „Der Atem" oder „Die Kälte", auch ein Mittel, mit Ihrer Krankheit fertig zu werden?

Mein Großvater war Schriftsteller. Erst nach seinem Tode habe ich mich getraut, selber zu schreiben. Als ich 18 war, wurde in dem Heimatdorf meines Großvaters eine Gedenktafel für ihn enthüllt. Nach der Feier gingen alle ins Gasthaus, das meiner Tante gehörte. Da saß dann auch ich, und meine Tante sagte zu Zeitungsredakteuren, die dabei waren: „Da sitzt der Enkel, der wird nichts. Aber vielleicht kann er ja schreiben." Einer hat dann gesagt: „Schicken Sie ihn mir am Montag." Da bekam ich den Auftrag, über ein Flüchtlingslager zu schreiben. Am nächsten Tag stand mein Bericht schon in der Zeitung. Ich habe in meinem ganzen Leben nie mehr ein solches Hochgefühl erlebt. Ein ganz großartiges Gefühl, daß man etwas schreibt und über Nacht gedruckt wird – wenn auch verstümmelt und gekürzt. Aber immerhin war es drinnen. Von Thomas Bernhard. Da hatte ich Blut geleckt am Schreiben. Zwei Jahre habe ich dann Gerichtsreportagen geschrieben. Die sind mir später beim Prosaschreiben wieder gegenwärtig geworden. Ein unschätzbares Kapital. Ich glaube, da liegen die Wurzeln.

Wie ist es heute, wenn Kritiker wie Reich-Ranicki oder Benjamin Henrichs bewundernd über Sie schreiben? Ist das auch ein Hochgefühl?

Bei Kritiken habe ich nie mehr ein Hochgefühl. Am Anfang ja, weil man diese Dinge alle glaubt. Wenn man aber dreißig Jahre lang dieses Auf und Ab erlebt, dieses Heimzahlen von Schuld, dann durchschaut man die Mechanismen. Da schickt einer seinen Diener und sagt dem: „Da will ich eine negative Kritik." So geht das.

Ärgern Sie sich über Verrisse?

Ja. Ich falle auch heute noch in jede Grube. Zeitungen haben mich immer fasziniert, von meiner Jugend bis heute. Es ist mir kaum erträglich, einen Tag ohne Zeitung zu verbringen. Im Laufe der Zeit kennt man dann die Leute in den Redaktionen. Ich habe sie vielleicht nie gesehen, kenne aber die Zusammenhänge an einem Theater, die Hintergründe in einer Redaktion, ich kenne Verleger, Lektoren, Geschäfte. Der Geist bleibt immer auf der Strecke. Der Geschmack bleibt auf der Strecke. Die Poesie bleibt auf der Strecke. Darüber reiten die Kolonnen von Redakteuren und Kritikern hinweg. Sie gehen über alle Leichen, die irgend etwas Schöpferisches machen. Das ist auch wieder das Faszinierende daran. Es trifft mich, aber es stört mich in meiner Arbeit nicht mehr.

In einer Rede haben Sie einmal gesagt: „Wir haben nichts zu berichten, als daß wir erbärmlich sind." Schreiben Sie, um Zeugnis von Ihren Niederlagen zu geben?

Nein, ich tue alles nur für mich selbst. Alle Menschen tun alles für sich selbst. Ob sie seiltanzen oder Brot backen oder Schaffner bei der Eisenbahn sind oder Kunstflieger. Nur bei Kunstfliegern gibt es Veranstaltungen, wo die Leute halt hinaufschauen. Während er schön fliegt, warten die darauf, daß er runterfliegt. Bei Schriftstellern ist das auch so. Im Unterschied zum Kunstflieger, der nur einmal herunterfliegt und dann meistens kaputt und tot ist, ist der Schriftsteller auch kaputt und tot, aber er wird immer wieder lebendig. Es gibt immer wieder eine Veranstaltung. Je älter er wird, je höher fliegt er. Bis man ihn eines Tages nicht mehr sieht und sich fragt: „Komisch, warum fällt er nicht mehr runter?"

Ich habe mein Vergnügen am Schreiben. Das ist nichts Neues. Das ist der einzige Strang, an dem ich noch hänge, aber da sieht man natürlich auch schon Risse. Aber das ist so. Ewig lebt man nicht. Aber solange ich lebe, lebe ich vom Schreiben. Es ist meine

Existenz. Es gibt Monate oder jährliche Pausen, wo ich nicht kann. Das ist grauenhaft. Irgendwann kommt es dann wieder. Dann entsteht halt wieder was. Dieser Rhythmus ist grauenhaft und gleichzeitig eine ungeheure Sache, die andere vielleicht nicht erleben.

Die Frauen in Ihren Büchern zeichnen Sie, von wenigen Ausnahmen abgesehen, nicht unbedingt freundlich. Spiegelt das Ihre Erfahrungen wider?

Ich kann nur sagen, daß mein Umgang im Leben, etwa seit einem Vierteljahrhundert, überhaupt nur Frauen waren. Ich vertrage Männer nicht. Männergespräche halte ich nicht aus. Die machen mich narrisch. Männer reden immer über das gleiche. Über ihren Beruf oder über Frauen. Etwas Besonderes kann man von Männern überhaupt nicht hören. Männeransammlungen sind mir unerträglich. Da sind mir schwätzende Frauen noch lieber. Ein nützlicher Umgang war für mich nur der Umgang mit Frauen. Gelernt habe ich alles auch nur von Frauen – nach meinem Großvater. Ich glaube nicht, daß ich von Männern irgend etwas gelernt habe. Männer sind mir immer auf die Nerven gegangen. Merkwürdig. Nach meinem Großvater war einfach keiner mehr da. Heil und Schutz habe ich immer bei Frauen gesucht, die mir auch in vielem überlegen sind. Frauen lassen mich vor allem immer eher in Ruhe. In der Nähe von Frauen kann ich arbeiten. Ich könnte nie in der Nähe von Männern irgend etwas produzieren.

Gibt es nach dem Tod Ihrer Lebensgefährtin einen Menschen, auf den Sie nicht verzichten können?

Nein. Ich meine, ich könnte hundert Menschen haben, auf dreitausend Hochzeiten tanzen, doch nichts wäre mir scheußlicher. Neulich habe ich geträumt, daß der verlorene Mensch wieder da sei. Ich habe gesagt, die Zeit, die du nicht hier warst, ist mir die grauenhafteste gewesen. Wie wenn das nur ein Zwischenspiel gewesen wäre und die Tote jetzt wieder mit mir weiterlebte. Das war so stark. Das kann man nicht wiederhaben. Das ist alles gar nicht mehr möglich. Ich nehme jetzt einen Beobachterstandpunkt ein in einem ganz engen Bereich, von dem aus ich die Welt betrachte. Fertig.

Glauben Sie, daß auch nach dem Tod noch eine Form der Existenz möglich ist?

Nein. Gott sei Dank nicht. Das Leben ist wunderbar. Doch der schönste Gedanke ist, daß es endgültig endet. Das ist mir der größte Trost, den ich überhaupt in der Tasche hab'. Aber ich habe eine große Lust zu leben. Das war immer so, bis auf die Phasen, wo Selbstmordgedanken und -absichten da waren. Das war mit 19, mit 26 ganz stark, mit 40 Jahren dann noch mal. Doch jetzt hänge ich am Leben. Wenn man einen Menschen sieht, der aus der Welt gehen muß, aber mit allem am Leben hängt – dann begreift man das.

Das Großartigste, was ich je erlebt habe, ist, daß man die Hand dieses Menschen in seiner Hand hat, den Puls spürt, und dann macht's einen langsameren Schlag, noch einen langsameren, dann ist es aus. Das ist so eine ungeheure Sache. Dann hat man die Hand noch in der Hand, dann kommt der Pfleger herein, hat die Kartonnummer für die Leiche dabei. Die Schwester schiebt ihn noch einmal hinaus und sagt: „Kommen S' später." Dann ist man sofort wieder konfrontiert mit dem Leben. Ganz ruhig steht man auf, räumt zusammen, inzwischen kommt der Pfleger wieder und tut an die große Zehe die Nummer von der Leiche. Man räumt das Nachtkastl aus, die Schwester sagt: „Das Joghurt müssen Sie auch noch mitnehmen." Draußen kreischen die Krähen vorüber – wirklich wie in einem Theaterstück.

Dann kommt das schlechte Gewissen. Ein Toter läßt einen mit einer immensen Schuld zurück.

Alle Orte, wo ich mit ihr war, wo ich meine Bücher geschrieben habe, kann ich nicht mehr besuchen. Jedes Buch von mir ist ja woanders entstanden. In Wien, in Brüssel, irgendwo in Jugoslawien, in Polen. Ich habe auch nie einen Schreibtisch in dem Sinn gehabt. Wenn das Schreiben funktioniert hat, war es mir ganz egal, wo. Auch im größten Lärm habe ich geschrieben. Dann stört mich weder ein Baukran noch eine kreischende Menge noch eine quietschende Straßenbahn noch eine Wäscherei oder Schlächterei unter mir. Ich hab' immer gern in Ländern gearbeitet, wo ich die Sprache nicht verstehe. Das war ein ungeheures Stimulans. So eine Fremdartigkeit, in der ich hundertprozentig zu Hause war. Ideal fand ich, daß wir gemeinsam in einem Hotel wohnten, meine Freundin ist stundenlang spazierengegangen, und ich habe arbeiten können. Man hat sich oft nur zu den Mahlzeiten getroffen. Sie war glücklich, wenn sie gemerkt hat, daß ich arbeiten kann. Wir waren oft vier bis fünf Monate in einem Land. Das waren

Höhepunkte. Während des Schreibens hat man oft ein ungeheures, herrliches Gefühl. Wenn dann noch jemand da ist, der das schätzt und einen in Ruhe läßt – das ist ideal. Ich hatte nie einen besseren Kritiker als sie. Das ist nicht vereinbar mit einer dummen, öffentlichen Kritik, die gar nicht eindringt. Von dieser Frau kam immer eine ganz starke, positive Kritik, die mir nützlich war. Sie hat mich halt gekannt, mit all meinen Fehlern. Das vermisse ich.

In unserer Wohnung in Wien bin ich immer noch gern. Sie gibt mir Schutz. Wahrscheinlich, weil wir dort jahrelang gemeinsam gelebt haben. Jetzt ist es das einzige Nest aus dem Zusammenleben. Der Friedhof ist auch nicht weit.

Es ist im Leben ein großer Vorteil, wenn man so etwas schon einmal erfahren hat. Die Dinge rühren einen gar nicht mehr an danach. Es interessieren einen weder Erfolg noch Mißerfolg, weder Theater noch Regisseure, weder Redakteure noch Kritiker. Es interessiert einen wirklich nichts mehr. Das einzig Interessante ist, daß man auf der Bank noch Geld hat und leben kann. Mein Ehrgeiz war ohnehin schon nicht mehr so stark wie früher. Aber mit diesem Tod war er endgültig vorbei. Es gibt kein Beeindrucken mehr. Man freut sich noch an alten Philosophen, an ein paar Aphorismen. Es ist fast so, wie man sich in Musik rettet. Stundenweise kommt man in eine wunderbare Stimmung hinein. Ich habe schon noch ein paar Pläne. Früher waren es vier oder fünf, heute sind es zwei oder drei. Es muß aber nicht sein. Weder ich schreie danach noch die Welt. Wenn ich

Lust habe, mache ich noch etwas, wenn ich keine habe oder nicht mehr kann, ist Schluß. Was man auch schreibt – es sind ja doch alles Katastrophen. Das ist ja das Deprimierende an einem Schriftstellerschicksal. Man kann nie zu Papier bringen, was man sich denkt oder vorgestellt hat. Das geht zum größten Teil mit der Übertragung aufs Papier verloren. Was man liefert, ist nur ein schwacher, lächerlicher Abklatsch dessen, was man sich vorgestellt hat. Das deprimiert einen Autor wie mich am meisten. Man kann sich im Grunde nicht mitteilen. Das ist auch noch niemandem geglückt. In der deutschen Sprache schon gar nicht, weil die ja hölzern und schwerfällig ist, eigentlich schauerlich. Eine grauenhafte Sprache, die alles tötet, was leicht und wunderbar ist. Man kann sie nur sublimieren in einen Rhythmus, um ihr eine Musikalität zu geben. Wenn ich schreibe, ist es nie das, was ich mir darunter vorgestellt habe. Das ist weniger deprimierend bei Büchern, weil man denkt, der Leser hat eigene Phantasie. Dem geht die Blume vielleicht doch noch auf. Während auf der Bühne, im Theater nichts aufgeht außer dem Vorhang. Es bleiben menschliche Schauspieler, die sich monatelang abgequält haben bis zur Premiere. Diese Leute müßten die Figuren sein, die man sich ausgedacht hat. Das sind sie aber nicht. Die Figuren im Kopf, die alles konnten, bestehen plötzlich aus Fleisch, Wasser und Knochen. Sie sind schwerfällig. Im Kopf war das Stück poetisch, großartig, doch die Schauspieler sind geschäftsmäßige Übertrager, Übersetzer. Eine Übersetzung hat mit dem Original nicht viel zu tun. Also hat ein Theaterstück auf der Bühne mit dem, was der Autor erfunden hat, auch nichts zu tun. Die sogenannten Bretter, die die Welt bedeuten, sind für mich immer Bretter gewesen, die in mir alles vernichtet haben. Alles wird zertrampelt auf der Bühne. Es ist jedesmal eine Katastrophe.

Und doch schreiben Sie weiter. Bücher und Stücke. Von einer Katastrophe in die andere?

Ja.

*

Conny Bischofberger/Heinz Sichrovsky

DER LETZTE AKT

1988

Donnerstag, 13. Oktober 1988, 10 Uhr 45. „Ich sage nichts", sagt Thomas Bernhard. Dann gibt er das letzte Interview seines Lebens.

In drei Wochen wird am Burgtheater das wunderbare Stück „Heldenplatz" uraufgeführt. Hauptperson ist ein jüdischer Professor, aus der Emigration ins aktuelle Wien heimgekehrt und diesen Schritt sogleich bereuend, denn sein Bruder hat sich schon umgebracht, und er rüstet zur eiligen Flucht. „Ich wache auf und habe es mit der Angst zu tun/ die Zustände sind ja wirklich so wie sie achtunddreißig gewesen sind/ es gibt jetzt mehr Nazis in Wien als achtunddreißig." Das (nebst einigen Anmerkungen zu Kurt Waldheim) ist genug.

Ein kunstvoll-tragikomisches Gebilde aus Verfolgung und Verfolgungswahn, Empörung und Empörungskunst wird zur Reichssache. Ein paar Intriganten aus dem Burgtheater haben das Stück, Monate vor der Uraufführung, in Fragmenten der Öffentlichkeit überantwortet.

154

„Café Bräunerhof", Wien, 1988 *Foto von Kurt Molzer*

Seither brennt Österreich. Und Thomas Bernhard, der im Mehrjahresrhythmus mit der ORF-Redakteurin Krista Fleischmann und mit niemandem sonst redet, ist einer der begehrtesten Interviewpartner Europas.

„Wir haben schon ein paarmal telephoniert", stelle ich mich ihm in den Weg. „Vor zwei Jahren haben Sie mich daran gehindert, nach Nicaragua auszuwandern. Nochmals danke dafür." – „Freilich", sagt Bernhard. „Dort ist es genauso scheußlich wie hier. Und den Bürgerkrieg haben Sie hier auch."

Suhrkamp-Chef Dr. Siegfried Unseld, Bernhards Freund von Anbeginn, wollte gestern abend per Television kalmieren. Das Stück sei bereits abgeschwächt, die Aufregung nicht vonnöten.

„Aber nein!" Die lange spitze Nase zittert vor Vergnügen. „Ganz im Gegenteil! Ich hab' es noch verschärft! Ich hab' es am ersten Jänner abgeliefert und seither nur ganz kleine Änderungen vorgenommen, weil ich mir gedacht hab', ‚Lügner' kann zum Waldheim ein jeder sagen. Jetzt heißt es ‚verlogener Banause', das klingt doch gleich besser. Auch ‚pfiffiger Börsenspekulant' für den Vranitzky war mir zu billig. Da kommt auch ganz was anderes. Was noch Scheußlicheres! (Es kam ‚Staatsverschacherer', Anm. des Autors) Ich weiß gar nicht, was dem Unseld, dem Teppen, gestern im Fernsehen eingefallen ist! Ein Schauerkerl ist das! Ich hab' ihn heute in der Früh zusammengeschrien am Telephon. Nur die Sekretärin hat mir dann leid getan."

Man hört, Sie wären mit einem Gehstock attackiert worden?

Das stimmt. Es war am Montag in der Billrothstraße. Ich bin grad noch in den Bus hineingehupft. ,Umbringen sollt' man Ihnen!' Das nächste ist aufhängen und vergasen. Das täten s'eh alle, wenn s'könnten. Inklusive Papst. Der tät' ja auch alle vernichten lassen, wenn er könnte.

Glauben Sie, daß Peymann bleibt?

Er will schon. Aber wenn das Ganze so weitergeht … Je mehr er strampelt, desto tiefer geht er in den Sumpf hinein. Und eines Tages hat er dann den Mund unterm Horizont, und dann ist es aus. Ich hab' ihm ja von Anfang an gesagt, daß das schaurig werden wird. Aber die Leut' glauben einem ja nicht.

Wenn Sie nun erleben, wie alle Stellung nehmen, ohne das Stück zu kennen …

Na ja, das ist so in diesem Land. Das ist ja auch ein Theater. Bitte, mein Stück ist auch scheußlich. Aber das Theater rundherum, das ist noch scheußlicher. Nur sollte das *eine* Kunst sein, und das *andere* ist Leben.

Haben Sie nicht daran gedacht, auszuwandern?

Aber an das denke ich doch seit der Kindheit, ununterbrochen! Ich bin das halbe Jahr eh nicht da. Aber am liebsten bin ich in Wien. Da hab' ich meine kleine Wohnung, da brauch' ich niemanden dazu, die kann ich selber beherrschen. Alle drei Wochen fahr' ich mit einem Fetzerl drüber, die Wasserhähne funktionieren, die Geschäfte hab' ich gleich unten ... nicht so wie auf dem Land, wo man ausgehen muß und einem die Vernichtungsblicke durch das ganze Dorf folgen.

Was ist Ihnen denn noch passiert?

Na ja, Anpöbelungen – ununterbrochen. Da war eine alte Frau mit Krücken, auf dem Kohlmarkt, die wollt' schon auf mich einschlagen, aber dann ist ihr eingefallen, wenn sie die Krücke hebt, fällt sie vornüber. Hat sie es lieber bleiben lassen.

Was haben Sie gegen Österreich? Oder lieben Sie es vielleicht heimlich?

Jeder mag sein Land. Ich auch. Nur den Staat mag ich nicht.

Peymann sagt, Sie selbst würden es gar nicht so bös' meinen. Nur Ihre Figuren redeten so böse.

Was!? Ich meine alles, was meine Figuren sagen. Jede Made läuft aus meinem Munde. Der Peymann ist ja leider auch schon blöd. Man läßt doch als Autor die Figuren das reden, dessen Ansicht man letzten Endes ist!

Haben Sie nie Angst, wenn Sie so durch die Stadt gehen?

Mehr, als daß einen wer umbringt, kann einem eh nicht g'scheh'n.

Einmal ganz offen gefragt: Kann man in diesem Land eigentlich noch Journalismus betreiben?

Man tappt halt von einem Fladen in den anderen. Angeblich sitzt man dort besonders weich. Nur den Gestank muß man aushalten. – So.

157

Bernhard streckt uns unvermittelt die Hand hin und wendet sich zum Gehen.

Die schmale Gestalt, ein Hauch von Landadel in Gediegenem, Gestricktem und Gewalktem, verschwindet um die Ecke zur Hofburg.

Am 4. November wurde „Heldenplatz" ohne nennenswerte Vorkommnisse uraufgeführt. Am 12. Februar, dem Todestag seines Großvaters, des Dichters Johannes Freumbichler, starb Thomas Bernhard nach langem, schwerem Leiden namens Österreich.

*

Am Graben, Wien, 1988   *Foto von Sepp Dreissinger*

Elfriede Jelinek

DER EINZIGE. UND WIR, SEIN EIGENTUM.

1989

Der Gigant ist tot. Der Fels des Anstoßes, an dem niemand vorbeigekommen ist. Er hat seinen kranken
Körper geschrieben und sich in ihm festgeschrieben, als
ob er seinen Atem, um den der Kranke immer schon hat
kämpfen müssen, in der Fabrik seines Leibes jeden Tag
hätte wieder neu herstellen müssen. Es ist ja kein Zufall,
daß dieser Dichter ein Dichter des Sprechens (nicht des
Schreibens) war. Die Erfahrung des in früher Jugend
schon Lungenkranken hat ihm die großen Tiraden seines Werkes abgerungen: Ich spreche, also bin ich. Und
solange ich spreche, bin ich nicht tot. Seine Freunde
berichten, daß er Stunden und Stunden, oft mehr als
zehn, ununterbrochen sprechen konnte und auf die
Bitte, endlich aufzuhören, weil man nicht mehr zuhören
könne, um noch zwei weitere Stunden des Sprechen-
dürfens gebeten hat. Und um den Schrecken nicht zuen-
de denken zu müssen, hat der ausgebildete Musiker
eine eigene Technik der Wiederholung entwickelt, aber

159

in rhythmischer Gliederung, ähnlich einer ununterbrochenen Sinusschwingung, deren musikalischer Gesetzmäßigkeit sich niemand entziehen konnte, selbst wenn alles schon hundertmal gesagt war. So hat die Erfahrung des zu wenig Luft Kriegens den wüsten flammenden Atem des um sein Leben Sprechenden erzeugt. Der österreichische Mief, diese schlechte Luft, sein Leben lang hat es ihm ausgereicht, dieses Lüfterl, sich an ihm zu entzünden. Von der Atem-Not im Pavillon Hermann (oder wie die Krankenverwahrungs Kojen auch immer geheißen haben mögen, wo die „Kranken, von den Gesunden aus gesehen, kein Recht mehr haben") zu einer Literatur der endlosen Suaden. Von den entmündigten Patienten, die nur „das Gnadenbrot der Gesunden zu essen haben", zum Mund Österreichs, der die Wahrheit sagt über dieses Land, was „von den Gesunden immer als ein Akt der absoluten Ungehörigkeit" empfunden worden ist. Platz für die Kranken! Und Platz für die Dichter, aber wehe, sie drängen sich, wie die ihrer Krankheit wegen von der Gesellschaft Ausgesonderten, in einen Bereich hinein, in dem sie nichts zu suchen haben: in die politische Wirklichkeit des Landes, in der nur die Politiker etwas zu suchen haben, nämlich ihren Vorteil vor der Steuer oder das Steuer selber, das nur sie halten dürfen und sonst keiner! Und zurück mit dem Dichter ins Spital, nur diesmal nicht auf die Lungenstation, sondern gleich in die Psychiatrie! Dort wird man sich schon kümmern um ihn, damit er nicht mehr so schnell zurückkommt zum gesunden Volkskörper.

Ich glaube, es sind die frühen Krankheitserfahrungen des lebenslang kranken Thomas Bernhard, die ihm den Blick geschliffen haben, die ihn trotzig auf seinen Platz haben beharren lassen, nur damit ihn kein andrer besetzen kann. „Der Vorgang ist weltweit bekannt: der Kranke geht und ist weg und die Gesunden nehmen sofort seinen Platz ein und nehmen diesen Platz tatsächlich in Besitz und auf einmal kommt der Kranke, der nicht gestorben ist, wie angenommen, zurück und will wieder seinen Platz einnehmen, in Besitz nehmen, was die Gesunden aufbringt". Mit größter Rücksichtslosigkeit muß der Atemlose, der Dichter, die Wirklichkeit neu immerwiederinbesitznehmen. Er stopft sie sich, gierig wie ein Kind seine Torte, in den Mund, er drängt die Gesunden weg, er verdrängt sie, er würde sie auch töten, nur um seinen Platz einzunehmen und Die Wahrheit Zu Sprechen.

Der Kranke ist der Hellsichtige, und dieser ehemals Kranke und jetzt Tote war ein Lamm Gottes, das die Sünden der Welt auf sich genommen hat, nicht unbedingt, um jemanden zu befreien, sondern damit sich viele Unberufene (toi toi toi, Hauptsache gesund!) endlich berufen fühlen konnten, sich über Literatur zu äußern wie sie ihre Hunde äußerln führen gehen. So rast ihnen die Sprache an der Leine ihrer Gedanken herum und zerrt die Gedanken die meiste Zeit hinter sich her. Da könnte ja ein Jeder daherkommen! Denn was jeder zu verstehen meint, darüber darf er keinesfalls schweigen! Darüber kann jeder doch mindestens so gut wie der Dichter und viel besser noch reden! Und doch wieder war die Bernhard'sche Kritik auf vertrackte Weise die Kritik von jedermann an jedermann, die Kritik des Räsoneurs, der gerade in dieser Rolle die Kritik allein für sich usurpiert. Die Gesellschaft muß sich fortwährend suggerieren, die einzig mögliche von allen zu sein, sie muß ihre Veränderbarkeit geradezu ausschließen, eine andre als sie darf nicht einmal denkmöglich werden, worüber könnte der Dichter sonst schreiben? Daher hat sie auch nur Platz für einen einzigen Kritiker, den Prototyp des Kritikers gewissermaßen, der, als ihr zorniger Beobachter, zu ihrem, der Gesellschaft Eigentum wird, und dessen Geisel sie wiederum werden muß. Und jetzt hat er in seinem Testament uns aufs nachhaltigste ausgeschlossen. Keine Gnade mehr möglich vor dieser einen, einzigen, letzten Entscheidung!

All die gehässigen Leserbriefe gegen einen einzelnen Künstler, all dieser Abschaum der gesunden Volksmeinung, haben oft den Eindruck erweckt, wir alle wären in Bernhards Hand. Und wie sehr war er doch in unserer, als Kranker noch gezerrt vor den Burgtheater-Vorhang, damit man ihn leibhaftig anschauen konnte! Wie kein andrer hat dieser zornige Mann an sie, diese österreichische Gesellschaft, geglaubt, wie der Kranke ja auch mit verzweifelterer Wut zu den Gesunden hinüber möchte, gerade weil sie ihm dauernd das Gefühl geben, nicht mehr zu ihnen zu gehören und ihn, diese schreckliche Möglichkeit ihres eigenen Seins, abzustoßen suchen. So affirmiert Bernhard die Gesellschaft in seiner Rolle als Kritiker, als Schablone des Kritikers schlechthin, gerade indem er sie kritisiert, die doch längst sein Lebensinhalt geworden ist. Der auch schon gestorbene Dichter Reinhard Prießnitz hat Bernhard einen „Herrn" genannt, und das sei seine Rolle gewesen. Der junge Thomas Bernhard schon hat diese sogenannte gute Gesellschaft leidenschaftlich studiert, um zu ihr gehören zu dürfen, und je mehr er tatsächlich zu ihr gehört hat, umso mehr hat sie ihm gehört, und er hat sie schütteln, zerreißen dürfen, nur um letztlich von ihren Klauen zerrissen zu werden. Denn wer zu verzweifelt zu ihr zu gehören sucht, den stößt sie zu allererst aus. Diese Söhne und Töchter der Provinz, unter der Peitsche römisch katholischen Terrors und der Nazi-Stammtische, immer schon haben sie die komplizierten Rituale der herrschenden Klasse Wiens studiert: beim Knize oder bei den Grabenjuwelieren einkaufen und auf dem Kohlmarkt spazierengehen! Als dürfte man, wenn man nur die Regeln gut genug kennt, auch wirklich am Ort seiner Wahl unbehelligt existieren.

Aber bei der Preisverleihung sitzt der Dichter unerkannt mitten im Publikum, und der Herr Mitglied der Akademie hat Mühe, ihn inmitten der vollbesetzten Reihen zu erreichen. Und da alle so gemütlich sitzen, müssen sie aufstehen, um den Laureaten herauszulassen, wobei sie giftige, durchbohrende Blicke auf ihn richten, weil sie ja aufstehen müssen, ihn durchzulassen: „Ich selbst hatte mich in den Käfig gesperrt."

Wem fällt da nicht die zweite große Dichterin aus der Provinz ein, die Bachmann, der Thomas Bernhard in der „Auslöschung" ein schönes Denkmal gesetzt hat? Nur hat die Bachmann, eine Frau, von der Gesellschaft als dem allergrößten Mordschauplatz gesprochen, in der die „Todesarten" variieren mögen, aber entkommen kann keiner. Eine Frau kann das gar nicht anders wahrnehmen. Thomas Bernhard war verurteilt, als seine Heimstätte ansehen zu müssen, was er doch endlos verachten mußte.

Die Bachmann hat sich den Ort, an dem sie hätte wohnen können, zum Schluß mit ihrer verbrannten Hand nicht einmal mehr imaginieren können. Thomas Bernhard hat den seinen mit Leblosigkeiten angefüllt, mit Junggesellenmaschinen, auch mit den Bruchstükken alter Tassen, die, ihres ursprünglich philosophischen Inhalts längst entleert, nur mehr zu bloßen Hülsen von Philosophen und Philosophien taugen, bis zum letzten Fetisch, dem Denken selbst. Es ist von den Dingen die Rede, aber sie sind es nicht! Ähnlich den berühmten Hitchcock'schen Mac Guffins, jenen Gebilden (auch Denkmodellen), die in den Filmen Hitchcocks niemals näher erklärt werden, aber doch den Angelpunkt der Handlung jeweils ausmachen, bevölkern riesige Kegel den dunklen Wahn von Bernhards literarischen Welten, nie geschriebene Biographien von Komponisten, weitverzweigte Abhandlungen, die ihren Verfasser am Leben erhalten so lange er schreibt. Auch wenn keiner weiß, worum es in ihnen geht, intrikate Krankengeschichten oder auch nur das virtuose, unerreichbare Spiel eines großen Meisters des Klaviers, überhaupt dieser männliche Fetisch schlechthin: die Meisterleistung, das Höchste, Größte, Einzigartige, das man nie wird einholen können.

Und doch: Die Akademie, die dem Dichter ihren Preis verliehen hat, hat ihn mitten im Publikum, wo er gesessen ist, gar nicht erkannt. Die Ministerin hat während der Verleihungszeremonie laut schnarchend geschlafen. Nachher hat sie plötzlich gerufen: Wo ist denn der Dichterling? Die Bachmann ist verbrannt. Thomas Bernhard ist sein Leben lang erstickt.

*

Inhaltsverzeichnis

167

Autoren der Beiträge

Conny Bischofberger

1960 in Mellau (Vbg.) geboren. Journalistin bei der „Kronen Zeitung".

Erich Böhme

Geboren 1930. Herausgeber der „Berliner Zeitung". Moderator von „Talk im Turm" (TV-Serie).

Nicole Casanova

1934 in Paris geboren. Schriftstellerin, Übersetzerin und Literaturkritikerin. 15 Jahre lang Journalistin bei „Le Monde", „Nouvelles Littéraires", „Quotidien de Paris". Begründerin der „Bibliothèque Allemande".

Rita Cirio

Arbeitete als Assistentin von Umberto Eco in Bologna. Veröffentlichungen zum Thema Architektur. Seit 1979 Journalistin bei „L'Espresso", Kultur- und Theaterkritikerin.

Armin Eichholz

1914 in Heidelberg geboren. Lehrbeauftragter für Theaterkritik an der Universität München. Derzeit Theaterkritiker für „Die Welt". Veröffentlichungen u. a. „Ich traute meinen Augen" (Ehrenwirth Verlag, München).

Niklas Frank

1939 in München geboren. Reporter beim „Stern".

Patrick Guinand

1947 in Lyon geboren. Theater- und Opernregisseur. Inszenierungen u. a. „ Wittgensteins Neffe" von Th. Bernhard (Paris 1991, Teatro Eliseo, Rom 1992).

Brigitte Hofer

Kulturredakteurin beim ORF.

Elfriede Jelinek

1946 in Mürzzuschlag (Stmk.) geboren. Schriftstellerin.

Hellmuth Karasek

1934 in Brünn geboren. Redakteur bei „Der Spiegel". Teil des „Literarischen Quartetts" und Autor (u. a. von Komödien).

Peter Mörtenböck

1966 in Ansfelden (OÖ) geboren. Ehemaliger Mitarbeiter der „Aktion Kritischer Schüler".

Andres Müry

1948 in Basel geboren. Im Herbst 1992 erscheint im Fischer Verlag: „Minetti ißt Eisbein. Szenen auf der Hinterbühne."

Jean-Louis de Rambures

1930 in Paris geboren. Journalist bei „Realités". Freier Mitarbeiter für „Le Monde". Derzeit Leiter des Institut Français in Frankfurt. Spezialist für deutschsprachige Literatur. Übersetzer von Paul Nizon.

Asta Scheib

1939 in Bergneustadt (BRD) geboren. Journalistin und Schriftstellerin. Romanveröffentlichungen, u. a. „Kinder des Ungehorsams", „Diesseits des Mondes". „Angst vor der Angst" wurde 1974 von Rainer Werner Fassbinder verfilmt.

Wendelin Schmidt-Dengler

1942 in Zagreb geboren. Professor am Institut für Germanistik der Universität Wien. Veröffentlichungen u. a. „Genius. Zur Wirkungsgeschichte antiker Mythologene der Goethezeit", 1978; „Der Übertreibungskünstler. Studien zu Thomas Bernhard." 2. Aufl. 1989.

Heinz Sichrovsky

1954 in Wien geboren. Stellvertretender Chefredakteur der Monatszeitschrift „Basta". Theaterkritiker und Kolumnist bei der „Kronen Zeitung".

Viktor Suchy

1912 in Wien geboren. Schriftsteller, Literaturwissenschaftler. Präsident der „Dokumentationsstelle für neuere österreichische Literatur" im Literaturhaus, Wien.

Dank

Eugenio Bernardi
Heinz Lunzer (Literaturhaus Wien)
Monika Natter
Claudia Rochel-Laurich
Marion Schamuthe (Theater heute)
Wieland Schmied

Literatur

Jedes Sandkorn ist ein Stück
Adalbert Stifter
Wolfgang Goethe
Richard Pils

*

Wechselvoll verrauscht das
Leben, Lyrik
Adalbert Stifter

*

In deinem Arm in frohem
Lächeln eilen
Briefwechsel zwischen
Amalia und Adalbert Stifter

*

Der beschriebene Tännling
Die Sagen des Mühlviertels
Adalbert Stifter

*

Weihnacht/Silvester
Adalbert Stifter

*

Die Sonnenfinsternis
Adalbert Stifter

*

diarium
gerhard lampersberg

*

Nachtfahrt
Dialektgedichte
Hans Viehböck

*

Die Lagune
Richard Pils

*

Blackthorn
Richard Wall

*

Sommerlich Dorf
Richard Wall

*

Querland
Franz Rieger

*

Aufgebote des Zweifels
Lyrik
Franz Rieger

*

In tiefste Nacht
in hellstes Licht
Kurt Mitterndorfer

*

Nur wir zwei
Kurt Mitterndorfer

*

Vergiß die Rose nicht
Theodor Storm

*

Einschicht
Fritz Lichtenauer

*

sogi sogi
Dialektgedichte
Fritz Lichtenauer

*

Scheinbar ohne Bewegung
G. G. Krenner

*

Zweite Liebe
André Müller

*

Gedankenvernichtung
André Müller

*

André Müller
im Gespräch mit
Thomas Bernhard

*

Aus dem
versiegelten Tagebuch
Weihnacht mit Th. Bernhard
Karl Hennetmair

*

Lehrjahre
Thomas Bernhard
Vom Journalisten
zum Dichter
Herbert Moritz

*

Von einer Katastrophe
in die andere
Gespräche mit
Thomas Bernhard
Sepp Dreissinger

*

Seteais
Tage mit Thomas Bernhard
Gerda Maleta

*

Karl Ömperdinger
Andreas Renoldner

*

Auf dem Taubenmarkt
Roman
Franz Kain

*

Das Brennesseldickicht
Franz Kain

*

Der Schnee war warm
und sanft
Franz Kain

*

Das Gewölbe
Elisabeth Praher

*

Was soll's,
ist ja Fasching
Fritz Habeck

*

Mitternachtswüste Gedichte
arabisch - deutsch
Khalid Al Maaly

*

Der Keksfresser
Franz Tumler

*

bruch/stücke variationen
Waltraud Seidlhofer

*

bild/er/betrachtungen
waltraud seidlhofer

*

Laß den Mund
Gedichte
Gregor M. Lepka

*

LiteraTour
Skriptum I/II
Welser Anthologie

*

Dorfgeschichten
aus dem Burgenland
Manfred Chobot

*

Blumenwerk
Ländliches Journal
Deinzendorf
Friederike Mayröcker

*

Gang durchs Dorf:
Fingerzeig
Bodo Hell

*

Baronkarl
alte und neue
Peripheriegeschichten
Peter Henisch

*

Dank sage ich allen,
die mein Verlagsanliegen
unterstützen und mithelfen
Richard Pils

*

publication P N° 1
Bibliothek der Provinz

publication PN°1
Bibliothek der Provinz

Verlag für Literatur, Kunst und Musikalien